Para mi querido amigo Casimiro con mucho cariño

06/29/2021

ROY WAYNE ROBY

# GUÍA BÁSICA DE LA BIBLIA

## Miles de datos informativos

CHRISTIAN EDITING

**Guía básica de la Biblia**


Publicado por:
**Christian Editing Publishing House**
Miami, Florida
*ChristianEditing.com*

Cubierta y diseño interior: Adilson Proc

Todas las referencias bíblicas fueron tomadas de la Biblia Reina-Valera, revisión de 1960, a menos que se indique otra fuente.

ISBN 978-1-938310-58-4

Categoría: Estudio bíblico. Referencia.

Impreso en Colombia - Printed in Colombia

# ÍNDICE

# INTRODUCCIÓN

El objetivo principal de este libro es ser una guía sencilla de información acerca de la Santa Biblia, dirigida a aquellas personas que necesitan conocer y comprender esta hermosa obra. Desde esa perspectiva, las ideas y la forma que escojo para expresarlas quieren ser directas y sencillas, porque conocer los Libros Sagrados que constituyen la Biblia, su historia y mensaje no es tarea fácil para nadie, y si alguien quiere acercarse por primera vez, asomarse a esta obra inmensa, como sucedió con mi persona, la sencillez y la claridad de la información harán que este interés sea creciente e invite a ir más allá para descubrir los diversos niveles en la profundidad del mensaje de Dios.

Con explicaciones sencillas y ofreciendo datos curiosos, se explica que la Biblia es un libro espiritual; sin embargo, se presentan evidencias de pruebas científicas, bibliográficas y arqueológicas que lo convierten en un libro real y verdadero, donde la Palabra de Dios en ningún momento se contradice.

Se escribe sobre quienes encargó Dios escribir esta monumental obra y las fechas aproximadas; quiénes fueron los profetas mayores y menores; la naturaleza profética de las Sagradas Escrituras; los patriarcas antediluvianos y postdiluvianos; el simbolismo en los números en la Biblia; se expone la trama de la historia del Antiguo Testamento a través de sus libros: las consecuencias de la ira del Señor por los pecados del pueblo de Israel; entrega del Primer Pacto escrito, los Diez Mandamientos y las leyes mosaicas, la rebeldía del pueblo de Israel al construir un ídolo de oro en forma de becerro y cómo Dios les impone sacrificios a través de animales (becerros, cabras, ovejos, etc.), ya que la sangre de estos, que significaba vida, sustituye la sangre del pecador para la expiación de su pecado.

Se narra sobre el Nuevo Pacto de Dios con su pueblo, al enviar a su único Hijo Jesús, profetizado en el Antiguo Testamento, para salvar al mundo de sus pecados. Este Nuevo Pacto fue profetizado en Jeremías 31:33. Dios dice, a través del profeta Jeremías: "*Pero este es el pacto que hare con la casa de Israel después de aquellos días, dice Jehová* (Yahvé-Jehová)*: "Daré mi ley en su mente, y la escribiré en su corazón; y yo seré a ellos por Dios, y ellos me serán por pueblo*". El Nuevo Pacto consistirá en tener fe (creer) en Jesús como el único Señor y Salvador y en arrepentirse de corazón del pecado cometido y no volver a reincidir.

Exponemos en el libro cómo está constituida la Biblia y los libros que la conforman, tanto en el Antiguo y Nuevo Testamento; las diferencias entre las Biblias de diferentes corrientes cristianas, en que momento histórico se escribieron los evangelios, las cartas apostólicas, entre otros. Estos son algunas entre muchas de las explicaciones importantes que nos ayudarán a comprender el libro más importante del mundo.

De dos cosas estoy seguro: primero, que al comenzar a leer este libro no podrán detenerse hasta finalizarlo y, segundo, una vez completada su lectura, tendrán un conocimiento muy amplio de esta monumental obra de Dios. De esta manera, la próxima vez que abran la Biblia sabrán exactamente qué buscan y qué necesitan.

Parte I

# Datos de interés general

## El origen de la Biblia

El nombre de la Biblia se deriva de la palabra griega *byblus*, que significa "los libros". El nombre del material sobre el cual se escribieron la mayoría de los libros antiguos era el papiro. Este nombre griego *–byblus–* a su vez proviene del antiguo puerto fenicio Byblos, en el mar Mediterráneo (actualmente el puerto se llama Jbeil o Jubayl, a 56 Km al norte de la ciudad de Sidón, Líbano), donde los griegos compraban papiro, soporte material para la escritura. Debido a esta asociación le colocaron por nombre griego al papiro como el antiguo puerto fenicio Byblos.[1]

La Biblia fue escrita mucho tiempo antes de la invención del papel y los lápices. Fue escrita sobre extensas tiras de papiro o pergamino. El papiro se hacía de una planta acuática, muy común en el río Nilo, en Egipto, y en algunos lugares de la cuenca mediterránea; a su vez, el pergamino es la piel de un animal, generalmente ternera, cabra, oveja o carnero, tratada de forma especial para conseguir este soporte de escritura. Estos escritos eran muy valiosos y luego se juntaron para formar toda la Biblia. Para la escritura se usaban tintas y tinteros, así como productos de fijación para las mismas. El uso de las tintas se remonta ya al tercer milenio a.C. Se usaba el negro de humo mezclado con goma. Se obtenía una pasta que se solidificaba y que había que diluir para escribir.

El nombre de la Biblia como tal no aparece ni en el Antiguo Testamento ni en el Nuevo Testamento.

La Biblia se escribió en un lapso de 1.600 años, comenzándose a escribir hace unos 3.500 años atrás.

El Antiguo Testamento se escribió en un lapso de 1.500 años; éste comenzó a escribirse aproximadamente para el 1.500 a.C. hasta el 80 a.C.

El Nuevo Testamento se escribió en un lapso de cien años; comenzó a escribirse aproximadamente para el 45 d.C. hasta el 100 d.C. Siendo el último libro el de Apocalipsis o Revelación.

Los judíos llaman al Antiguo Testamento las Sagradas Escrituras o la Torá.

Hoy en día para referirse a la Biblia se usan diferentes expresiones tales como: "Las Escrituras", "Las Sagradas Escrituras", "La Palabra de Dios", "El Libro de la Ley", "La Ley de (Yahveh o Jehová)", "Las Santas Escrituras", "Palabra del Señor", entre otras.

En el Nuevo Testamento la frase "la Palabra de Dios" se dice más de 40 veces. Sin excusas ni reservas, la Biblia declara que fue escrita bajo la inspiración del Espíritu Santo (2 Timoteo 3:16-17; 2 Pedro 1:21), y que su mensaje es absolutamente cierto (Juan 17:17; Salmos 19:119). Debido a su divino Autor no es capaz de ser falsa (Tito 1:3; Hebreos 6:18).

La Biblia es el libro de Dios escrito para nosotros a través de la inspiración divina de todos sus autores.

La Biblia no es una colección de historias aisladas, sino "el desarrollo de un plan que Dios tuvo para salvar al hombre, en un plan eterno y centrado en Jesucristo" (Efesios 1:4; 3:10-11; 1 Pedro 1:18-20).

Dios no comete errores, Él es perfecto, y la Biblia, como está hecha por Dios, es perfecta en todo.

La lectura de la Biblia debe ser interpretada desde una perspectiva espiritual.

El famoso autor, filósofo y ateo francés Francois Voltaire (1.694-1.778) dijo: "La Biblia estará extinta en un siglo"; lamentablemente para Voltaire, la Biblia sigue tan vigente como hace más de tres mil años.

# TRADUCCIONES

El manuscrito más completo y antiguo de la Biblia en existencia hoy es el *Codex Vaticanus* que data de la primera mitad del Siglo IV de nuestra era. Se encuentra en la biblioteca del Vaticano en Roma, sin embargo, hay fragmentos más antiguos de la Biblia que todavía se conservan, siendo el de mayor antigüedad un trozo diminuto del Evangelio de Juan que se encontró en Egipto; data de principios del Siglo II de nuestra era, aunque otros lo datan a mediados del Siglo I. Se encuentra actualmente en la Biblioteca de Rylands en Manchester, Inglaterra.

La Biblia fue el primer libro impreso, siendo la *Biblia de Gutenberg*, también conocida como la *Biblia de 42 líneas o Biblia de Mazarino*, es una edición de la *Vulgata*, impresa por Johannes Gutenbergen (1.398-1.468), Maguncia, Alemania, en el siglo XV. Es el primer libro impreso mediante el sistema de tipos móviles moderna inventado por él, fue su mayor trabajo y tiene el estatus de ícono por simbolizar el comienzo de la "edad de la imprenta". Esto ocurrió en el año 1.454 d.C.

La primera traducción de la Biblia al latín es la de San Jerónimo, conocida como *Vulgata* (divúlgala); esto sucedió por el año 400 d.C. a pedido del Papa Dámaso.

Toda Biblia traducida en otro idioma en la era del renacimiento era considerada una línea divisoria en el avance de la historia intelectual humana. Cronológicamente:

- Biblia en holandés: publicada en el año 1.526 por Jacob van Liesvelt.
- Biblia en francés: publicada en el año 1.528 por Jacques Lefevre d'Étaples (o Faber Stapulensis).
- Biblia en alemán: publicada en una edición de seis partes en el año 1.534, por Martín Lutero y otros colaboradores.
- Biblia en español: publicada en Basilea en el año 1.569 por Casiodoro de Reina llamada *Biblia del Oso*, por tener un oso comiendo miel, escudo del dueño de la impresora.
- Biblia en checo: *Biblia de Kralice*, impresa entre los años de 1.579-1.593.
- Biblia en inglés: *Biblia del rey Jacobo*, publicada en el año 1.611.
- La Biblia es el libro con mayor número de traducciones en el mundo, traducido a más de dos mil ochocientos (2.800) idiomas.

La primera traducción completa de la Santa Biblia al español la realizó el sacerdote Casiodoro de Reina, quien tradujo una Biblia del alemán al español en el año 1.569. Primera traducción castellana completa, directa y literal, del hebreo, arameo y griego de la Biblia. Al no aceptar la censura previa de su traducción, por parte de Juan Calvino, esta versión no fue bien vista por la teocracia ginebrina. Contenía todos los libros incluidos en la *Vulgata*, en el orden católico habitual (el llamado orden alejandrino). Tiene en su portada una ilustración que representa a un oso que intenta alcanzar un panal de miel que cuelga de un árbol, y una cita bíblica en caracteres hebreos. Transcribe el canon amplio. La *Biblia del Oso* posteriormente conocido como la *Reina-Valera* y la mayoría de sus posteriores revisiones tienen el nombre de Dios basado en el Tetragrámaton hebreo como "Jehová" en todo el Antiguo Testamento a partir de Génesis 2:4. Posteriormente, en 1.602, esta versión fue revisada por Cipriano de Valera. Hoy en día se le conoce como la Biblia *Reina-Valera 1960.*

Para este libro se utilizó la Biblia en la versión *Reina-Valera 1960*, sin embargo, como este no es un libro teológico sino informativo, usaremos el nombre de Yahveh y Jehová entre paréntesis, para respetar las diferentes versiones bíblicas y corrientes cristianas.

## VENTAS

La Biblia es el libro de mayor venta de todos los tiempos. En el último medio siglo se han vendido más de tres mil novecientos millones (3.900.000.000) de Biblias, es decir, a un promedio de casi ochenta millones (80.000.000) de Biblias vendidas por año.

Los otros dos libros que le siguen en ventas y a gran distancia en el último medio siglo son *Harry Potter* y *Citas del Presidente Mao Tse-Tung*. La serie de *Harry Potter* que consta de siete libros y cuyo personaje fue creado por la escritora inglesa JK Rowling, ocupa el segundo lugar con mil millones (1.000.000.000) de ejemplares vendidos y en tercer lugar el libro de *Citas del Presidente Mao Tse-Tung*, con ochocientos millones (800.000.000) de copias vendidas.

# ORGANIZACIÓN

La división del Antiguo Testamento en versículos fue establecida por estudiosos judíos de las Escrituras, llamados "Masoretas". Estos dedicaban sus vidas a recitar y copiar las Escrituras, así como a formular la gramática hebraica y las técnicas dialécticas de la enseñanza del texto bíblico. Fueron ellos los primeros que, entre los siglos IX y X d.C., dividieron el texto hebraico (del Antiguo Testamento) en versículos. Influenciados aparentemente por el trabajo de los Masoretas, el Antiguo Testamento de la Biblia moderna fue dividida en versículos por R. Nathan en el año 1.448, y por un impresor francés llamado Robert d'Etiénne o Robert Stephanus, dividió el Nuevo Testamento en versículos en el año 1.551.

La Biblia fue dividida en capítulos en el siglo XIII (entre los años 1.234 y 1.242), por el teólogo Stephen Langhton, entonces Obispo de Canterbury en Inglaterra y profesor de la Universidad de París.

La primera Biblia completamente dividida en capítulos y versículos tanto del Antiguo Testamento como el Nuevo Testamento apareció por primera vez en la *Biblia Ginebra* del año 1.560.

Es muy fácil buscar un pasaje en la Biblia, ésta se divide en libros, capítulos y versículos. Ejemplo: Mateo 8:18 significa: el Evangelio de Mateo o San Mateo, capítulo 8, versículo 18. Para que se te haga mucho más fácil, buscas el libro en el índice. Entonces, habiendo encontrado el libro, busca el capítulo y finalmente el versículo.

La Biblia en el Antiguo Testamento afirma ser la "Palabra de Dios" en sus diferentes significados, Dios se revela en palabras y acciones indisolublemente ligadas, de hecho, más de 2.000 veces se nombra en el Antiguo Testamento que lo escrito proviene de Dios, desde Génesis 1:3 hasta el final de Malaquías 4:3, la afirmación que se hace es que "Dios mismo habla lo que está escrito en sus páginas".

Parte II

# Evidencias de las Sagradas Escrituras

## Evidencia científica

**Creación.** La Biblia habla claramente de que el universo tuvo un principio. En Génesis 1:1 dice: "*En el principio creó Dios los cielos y la tierra*". Empezando con los estudios de Albert Einstein a comienzos del siglo XX y continuando hasta hoy, la ciencia ha confirmado el enfoque Bíblico de que el universo tuvo un principio.

La Biblia nos dice por donde comenzó todo. En Génesis 1:1 dice: "*Al principio creó Dios el cielo y la tierra*". Aquí visiblemente se evidencia que todo comenzó por el universo al nombrar el cielo y la tierra, la Biblia en su primer versículo no comienza creando al hombre o los animales, ésta empieza con un orden científico lógico. Tal vez sea como dice la teoría del Big Bang; pero es indudable que Dios fue quien pulsó el detonador.

Los días de la creación fueron siete y todos tienen un orden exacto de cómo Dios creó el universo, la tierra y la vida (Génesis 1:1-28).

El Espíritu de Dios es el responsable de todo este principio, Génesis 1:2 dice: "*La tierra era una soledad caótica y las tinieblas cubrían el abismo, mientras el Espíritu de Dios aleteaba sobre las aguas*". Hoy en día está científicamente comprobado, que la tierra al principio era un lugar caótico en formación, de erupciones volcánicas gigantescas que envolvían la tierra de azufre y cenizas con ríos y mares de lava, metano líquido entre otras cosas.

En el libro de Génesis se encuentran todos los aspectos de la Creación, los tres primeros versículos del libro de Génesis expresan todos los hechos conocidos de la Creación de "tiempo, espacio, materia y energía". En Génesis 1:1-3 dice: "En el principio (tiempo) creó Dios los cielos (espacio) y la tierra (materia)... Y dijo Dios: Sea la luz (energía)".

La ciencia acepta que la vida comenzó en la tierra hace unos quinientos millones de años aproximadamente, y ésta comenzó en los mares tal y como lo dice la Biblia al crearlos Dios al cuarto día. En Génesis 1:19-25 Dios dice: "*Y fue la tarde y la mañana el día cuarto. Dijo Dios: Produzcan las aguas seres vivientes, y aves que vuelen sobre la tierra, en la abierta expansión de los cielos. Y creó Dios los grandes monstruos marinos, y todo ser viviente que se mueve, que las aguas produjeron según su género, y toda ave alada según su especie. Y vio Dios que era bueno. Y Dios los bendijo, diciendo: Fructificad y multiplicaos, y llenad las aguas en los mares, y multiplíquense las aves en la tierra. Y fue tarde y la mañana el día quinto. Luego dijo Dios: Produzca la tierra seres vivientes según su género, bestias y serpientes y animales de la tierra según su especie. Y fue así. E hizo Dios animales de la tierra según su género, y ganado según su género, y todo animal que se arrastra sobre la tierra según su especie. Y vio Dios que era bueno*".

**Universo.** La Biblia desde un principio nos dijo de la inmensidad del universo y que las estrellas no podían ser contadas por el ser humano, aproximadamente hace unos 2.500 años en Jeremías 33:2 Dios habla a través de su profeta: "No puede ser contado..., el ejercito del cielo, ni la arena del mar se puede medir…". Dios dijo a través de su profeta Jeremías que no podían contarse las estrellas, cuando para esa época los astrónomos hablaban de unas 1.500 a 2.000 estrellas solamente en el cielo. Dios afirmó que el hombre no iba a poder contar las estrellas del cielo, apenas en el siglo XVII Galileo Galilei limitadamente vislumbró la inmensidad del universo con la ayuda de un telescopio casero y luego de ver las increíbles fotografías del telescopio espacial Hubble que ha enviado a la Tierra, sabemos que las estrellas del cielo no se pueden contar.

La Biblia nos dice que Dios si conoce el número de las estrellas, en Isaías 40:26 Dios habla a través de su profeta: "… *Él saca y cuenta su ejército; a todas llama por sus nombres; ninguna faltará; tal es la grandeza de su fuerza, y el poder de su dominio*". Aunque la cifra para el hombre es todavía desconocida, para el Creador de ellas no lo es. Hoy los astrónomos estiman un aproximado de diez mil billones de trillones de estrellas; esto equivale a un 1 seguido de 25 ceros.

La expresión "Ejército de los Cielos" es una expresión figurada para los diversos cuerpos celestes.

Dios si sabe cuántas estrellas existen en el universo, en Salmo 147:4 dice: "*Él cuenta el número de las estrellas; a todas ellas llama por sus nombres*". Por supuesto, para Dios nada es imposible.

La Biblia compara el número de las estrellas con los granos de arena de los mares, en Génesis 22:17 Dios dice: "*de cierto te bendeciré, y multiplicaré tu descendencia como las estrellas del cielo y como la arena que está a la orilla del mar; y tu descendencia poseerá las puertas de sus enemigos*". Dios nos dice que el universo tiene tantas estrellas como granos de arena en los mares, en una época donde se pensaba que las estrellas no pasaban de 5.000.

La Biblia desde un principio ya nos hablaba de las zonas oscuras del universo, en Isaías 50:3 Dios habla a través de su profeta: "*Visto de oscuridad los cielos, y hago como cilicio su cubierta*". Los astrónomos especulan que el 98% del universo conocido consiste en materia oscura.

La Biblia nos habla de los agujeros negros, en Judas 1:13 Dios habla a través de su apóstol: "estrellas errantes, para las cuales está reservada eternamente la oscuridad de las tinieblas". Así como en Isaías 50:3 donde los astrónomos especulan que el 98% del universo conocido consiste en materia oscura, en donde se encuentran los agujeros negros, capaces de evitar que la propia luz escape de su campo gravitacional. En Judas 1:13 se alude a estos agujeros hasta hace poco descubiertos de la siguiente manera: "estrellas (luz) errantes, para la cual está reservada eternamente (sin escape) la oscuridad de las tinieblas".

En el Antiguo Testamento ya se hablaba de la expansión del universo hace más de 3.500 años. Esta teoría apenas fue descubierta en el año de 1.912, con los trabajos del astrónomo norteamericano Vesto M. Slipherel. En 1.929, el reconocido astrónomo norteamericano Edwin Hubble afirma que el universo se estaba expandiendo, había pasado una década observando este fenómeno, y luego lo probó. Este fue un cambio radical respecto de la asunción prevaleciente de un "universo estático", es decir, aquella cuyo volumen de espacio-tiempo es inmutable.

La Biblia se refiere a la expansión del cielo (universo) once veces en total. Esto a través de la pluma de cinco escritores: Job, David, Isaías, Jeremías y Zacarías. Algunos de los versículos que hablan de la expansión del universo son:

- Job 9:8: Dios habla a través de su profeta y dice: "*Él solo extendió los cielos, y anda sobre las olas del mar*". (3.500 años atrás).
- Isaías 42:5: Dios habla a través de su profeta: "*Así dice (Yahveh-Jehová) Dios, Creador de los cielos, y el que los despliega; el que extiende la tierra y sus productos...*". Aquí en este versículo habla de la expansión del universo.
- Isaías 44:24: Dios habla a través de su profeta: "*Así dice (Yahveh-Jehová), tu Redentor, que te formó desde el vientre: Yo (Yahveh-Jehová), que lo hago todo, que extiendo solo los cielos, que extiendo la tierra por mí mismo*". Igualmente habla de la expansión del universo.
- Isaías 45:12: Dios habla a través de su profeta: "*Yo hice la tierra, y creé sobre ella al hombre. Yo, mis manos, extendieron los cielos, y a todo su ejército mandé*".
- Isaías 51:13: Dios habla a través de su profeta: "*Y ya te has olvidado de (Yahveh-Jehová) tu Hacedor, que extendió los cielos y fundó la tierra; y todo el día temiste continuamente del furor del que aflige, cuando se disponía para destruir. ¿Pero en dónde está el furor del que aflige?*".
- Zacarías 12:1: Dios habla a través de su profeta: "*(Yahveh-Jehová), que extiende los cielos y funda la tierra, y forma el espíritu del hombre dentro de él...*".
- Salmos 104:2: dice: "*El que se cubre de luz como de vestidura, que extiende los cielos como una cortina*".

La Biblia tres mil años atrás ya hacía referencia de la constante renovación del universo, en el Salmo 102:26-27 dice: "*Desde antiguo pusiste los cimientos de la tierra, los cielos son obras de tus manos. Ellos perecen, pero tu permaneces, todos se desgastan como la ropa, son como un vestido que se muda*". Aquí en este Salmo, no solo Dios creó el universo, sino que Él está ocupado en crear nuevas estrellas y renovando otras, tal como ocurre hoy en día y científicamente demostrado por científicos y astrónomos.

La Biblia nos hablaba casi 4.000 años atrás de la existencia de las constelaciones, en Job 9:8-9 dice: "*Él solo extendió los cielos, y anda sobre las olas del mar; Él hizo la Osa, el Orión y las Pléyades, y los lugares secretos del sur*".

**Física.** La Biblia casi tres mil años atrás hablaba de las leyes físicas que rigen el universo y las mareas de los océanos, en Jeremías 31:35 dice: "*Así ha dicho (Yahveh-Jehová), que da el sol para luz del día, las leyes de la luna y de las estrellas para luz de la noche, que parte el mar, y braman sus ondas; (Yahveh-Jehová) de los ejércitos es su nombre*".

El hombre fue descubriendo cosas conforme pasaban los tiempos, sin embargo, ya estaban en la Biblia desde siglos atrás. Corrientes del viento (Eclesiastés 1:6). Corrientes de agua (Eclesiastés 1:7). La luna no tiene luz propia (Job 25:5). Ciclo del agua (Job 36:27-28). Ciclo Lunar (Salmos 104:19). Mareas (Jeremías 31:35). Constelaciones (Job 9:9; Job 38:31-32).

Hace más de tres mil años la Biblia hablaba del movimiento de los planetas. El movimiento de los planetas fue primeramente propuesto por Nicolás Copérnico en el año 1.543, pero Job había ya declarado lo que Copérnico y Galilei descubrieron miles de años después. En Job 38:31-32, dice: "*¿Podrás tú atar los lazos de las Pléyades, o desatarás las ligaduras de Orión? ¿Sacarás tú a su tiempo las constelaciones de los cielos, o guiarás a la Osa Mayor con sus hijos?*".

La Biblia nos dice que la tierra está suspendida sobre el espacio, en Job 26:7 Dios habla a través de su profeta: "*Él extiende el firmamento sobre el vacío, sobre la nada sustenta la tierra*". Esta declaración fue escrita hace 3.500 años, la Biblia siempre ha dicho que la tierra flota en el espacio y por supuesto, hoy en día sabemos que es un hecho.

La Biblia nos dice que la tierra es "redonda". A saber:

- Job 1:7 dice: "*Y dijo Jehová* (Yahvé-Jehová) *a Satanás: ¿De dónde vienes? Respondiendo Satanás a Jehová, dijo: De rodear la tierra y de andar por ella*". Aquí hace clara referencia de que Satanás rodeó la tierra (suponiendo obviamente que la tierra es redonda, o circular).
- Isaías 40:22: Dios habla a través de su profeta: "*Él está sentado sobre el círculo de la tierra, cuyos moradores son como langostas; él extiende lo cielos como una cortina, los despliega como una tienda para morar*". Ya se hablaba de la redondez de la tierra, cuando se pensaba que era plana, ya se hablaba de la inmensa extensión del espacio, cuando se pensaba que era finito.

Cristóbal Colón se inspiró en las Sagradas Escrituras para descubrir el nuevo mundo. El científico Ray Comfort citado en *Scientific Facts in the Bible* (Hechos científicos en la Biblia), dijo: "La Biblia nos informa aquí en Isaías 40:22 que la tierra es redonda. En una época que la ciencia creía que la tierra era plana, fueron Las Escrituras las que inspiraron a Cristóbal Colón a navegar alrededor del mundo. Cristóbal Colón escribió: "Fue el Señor quien lo puso en mi mente. Pude sentir su mano sobre mí… no hay duda de que la inspiración vino del Espíritu

Santo; porque Él me reconfortó con rayos de iluminación maravillosa de las Sagradas Escrituras…"[2]

La Biblia hablaba no solo de la redondez de la tierra miles de años atrás, sino también de la ley de la gravedad. En Job 26:7 Dios habla a través de su profeta: "*Él extiende el norte sobre vacío, cuelga la tierra sobre nada*". Ya hablaba sobre la gravedad, si se ata una cuerda a una esfera que represente la tierra, sujetándola a otra esfera más grande y que represente el sol, nos damos cuenta que el movimiento de traslación de la tierra alrededor del sol, es como estar literalmente colgando del mismo, y que la gravedad y curvatura del espacio nos ayuda a estar sujetos a él (hablamos por el momento de la gravedad que ejerce el sol sobre la tierra y de la curvatura espacial provocada por la masa y peso del sol), tal como dice el versículo: "Cuelga la tierra sobre nada, cuelga del sol y no hay nada debajo de la tierra". Los antiguos griegos decían que la misma estaba sobre un atlas sosteniéndola, los hindúes, que eran elefantes, otros, una tortuga, y así sucesivamente varias culturas representaban al mundo sostenido por algo, contrario a la Biblia que no lo expone de esa forma.

La Biblia hablaba miles de años atrás de las fuerzas gravitacionales que mantienen el orden en el universo. En Job 38:31 Dios habla a través de su profeta: "*¿Podrás tú atar los lazos de las Pléyades, o desatarás las ligaduras de Orión?*". Aquí hace una referencia a otra fuerza en el universo cuando esto sin lugar a dudas significa que las estrellas independientes de las constelaciones, están sujetas a dicha fuerza desconocida hasta hoy por el hombre, aunque en parte, con los avances científicos actuales, al menos se sabe que está ahí, y actualmente se está expandiendo el universo, así mismo se mantienen girando lentamente las galaxias, cuyos movimientos no podemos notar a simple vista.

El mismo Jesús nos habló de la rotación de la tierra, en Lucas 17:34-36 Jesús les dice a sus discípulos: "*Os digo que en aquella noche estarán dos en una cama; el uno será tomado, y el otro será dejado. Dos mujeres estarán moliendo juntas; la una será tomada, y la otra será dejada. Dos estarán en el campo; el uno será tomado, y el otro será dejado*". Jesucristo claramente se refiere al movimiento de rotación de la tierra en su segunda venida. Algunos estarían durmiendo por la noche mientras que otros estarían trabajando durante el día. Una clara evidencia sobre el movimiento de rotación de la Tierra causando el día y la noche de una manera simultánea en diferentes lugares del mundo.

La Biblia ya hablaba sobre el "ciclo lunar", en el Salmo 104:19 dice: "*Hizo la luna para los tiempos; el sol conoce su ocaso*".

La Biblia hace más de 3.500 años nos hablaba del "ciclo hidrológico". Job 36:27-28 dice: "*Él atrae las gotas de las aguas, al transformarse el vapor en lluvia, la cual destilan las nubes, goteando en abundancia sobre los hombres*". Cuatro mil años atrás, la Biblia habló del "ciclo hidrológico", el cual consiste en: evaporización, transportación atmosférica, destilación y precipitación. Analicemos otra vez los versículos 27 y 28: "*Él atrae las gotas de las aguas* (transportación atmosférica), *al transformarse el vapor en lluvia* (evaporización), *la cual destilan las nubes* (destilación), *goteando en abundancia sobre los hombres* (precipitación)".

En el libro de Job escrito hace unos 3.500 años, la Biblia hace una declaración absurda cuando dice que la luz se puede enviar y luego manifestarse vocalmente. En Job 38:35 Dios dice: "*¿Enviaras tú los relámpagos para que ellos vayan? ¿Y te dirán ellos: Henos aquí?*". No fue hasta el año de 1.864 que el científico británico James Clerk Maxwell, sugirió que la electricidad y las ondas de la luz son dos formas de la misma cosa; es decir, las ondas radiales se mueven a la velocidad de la luz, es por eso que puedes tener comunicación inalámbrica instantánea con alguien al otro lado del mundo.

Hace dos mil años se escribió en el libro de Hebreos sobre partículas invisibles. En Hebreos 11:3 dice: "*La fe es la que nos hace comprender que el mundo ha sido formado por la palabra de Dios, de modo que lo visible proviene de lo invisible*". Este escrito no tuvo sentido hasta que se descubrió que existen elementos invisibles llamados "átomos".

Las Sagradas Escrituras da las dimensiones ideales para construir un barco, en Génesis 6:15 Dios le ordenó a Noé: "*Y de esta manera la harás: de trescientos codos la longitud del arca, de cincuentas codos su anchura, y de treinta codos su altura*". Dios dio las dimensiones exactas para la estabilidad del barco. Los constructores de barcos saben muy bien que para que una nave flote se necesita que lo largo sea seis veces su ancho. Dios dio estas medidas ideales a Noé hace 4.500 años.

**Elementos y vida.** La Biblia nos dice qué elementos conforman el cuerpo humano, Génesis 2:7 dice: "*Entonces (Yahveh-Jehová) Dios formó al hombre del polvo de la tierra, y sopló en su nariz aliento de vida, y fue el hombre un ser viviente*". En Génesis 3:19, Dios dice: "*Con el sudor de tu rostro comerás el pan hasta que vuelvas a la tierra, porque de ella fuiste tomado; pues polvo eres, y al polvo volverás*". Científicos han descubierto que el cuerpo humano se compone de 28 elementos todos encontrados en la tierra, siendo los principales hidrógeno, oxígeno, carbono y nitrógeno.

La Biblia ya hablaba de cómo la vida comenzaba desde la fertilización, en Jeremías 1:5 Dios habla a través de su profeta: "*Antes que te formase en el vientre te conocí, y antes que nacieses te santifiqué, te di por profeta a las naciones*". Hoy es un hecho biológico irrefutable que cuando el óvulo se fertiliza se concibe un ser humano.

Tres mil años atrás la Biblia hace referencia al "código genético" escrito en cada organismo vivo. En Salmo 139:16 Dios dice: "*Mi embrión vieron tus ojos, y en tu libro estaban escritas todas aquellas cosas que fueron luego formadas, sin faltar una de ellas*". En la década de los 50 del siglo XX, Watson & Crick descubrieron el plano genético para la vida o "ADN".

La Biblia nos confirma que venimos de un único antepasado llamado Adán y que la ciencia moderna lo ha confirmado. En Hechos 17:26 Dios habla a través de su apóstol Pablo: "*Y de una sangre ha hecho todo linaje de los hombres, para que habiten sobre la faz de la tierra…*". Según la genética poblacional del cromosoma "Y", el Adán cromosomal "Y" o Adán cromosómico habría sido un hombre africano (homólogo de la Eva mitocondrial) que en la evolución humana correspondería al ancestro común más reciente humano masculino que poseía el cromosoma "Y" del cual descienden todos los cromosomas "Y" de la población humana actual. Por ello, el Adán cromosómico "Y" correspondería a un único antepasado masculino del cual convergería el ADN del cromosoma "Y" de toda la población actual de Homo Sapiens (seres humanos).

La Biblia no aborda el tema de la evolución, mas bien su cosmovisión da por sentado que Dios lo creó, el punto de vista bíblico de la creación no está en conflicto con la ciencia, pero si está en conflicto con cualquier cosmovisión que principie sin un creador. Aquí el aspecto más importante no es el proceso de la creación, sino el origen de la creación. El mundo no es un producto de la casualidad, Dios lo creó.

La Biblia nos habla de la importancia de la sangre para la vida. En Levíticos 17:11,14 Dios dice: "*Porque la vida de la carne en la sangre está, y yo os la he dado para hacer expiación sobre el altar por vuestras almas; y la misma sangre hará expiación de la persona. Porque la vida de toda carne es su sangre…*". Se necesita de sangre saludable para llevar los nutrientes a cada célula del cuerpo. Hasta hace poco se desconocía la verdadera función de la sangre y su importancia en el sostenimiento de la vida.

La Biblia nos habla de la importancia de las células. En Job 10:11 Job le dice a Dios: "*Me vestiste de piel y carne, y me tejiste con huesos y nervios*". Hasta la segunda mitad del siglo

XVIII, la embriología era una materia más de especulación que de conocimiento. Fue Gaspar Friedrich Wolff quien introdujo la teoría de que las células en un principio no diferenciadas, se diferenciaban para producir tejidos y órganos, tal como se narra en Job.

**Océanos.** La Biblia nos dice cómo es el fondo marino. En Job 38:16 Dios le pregunta a Job: "*¿Has entrado tú hasta las fuentes del mar, y has andado escudriñando el abismo?*" Dios le dice a Job que los océanos tienen abismos y fuentes. Debido a la enorme profundidad y presión atmosférica casi la totalidad del suelo marino se encuentra en total oscuridad. Para esa época era imposible explorar el fondo marino y saber que existían fuentes en los océanos. Se sabía que los océanos eran alimentados por ríos y la lluvia; pero no fue tan solo hasta el año de 1.970 con la construcción de submarinos muy especiales que resisten hasta 6.000 libras de presión por pulgada cuadrada, los oceanógrafos descubrieron la existencia de fuentes en los suelos marinos.

La Biblia habla de la existencia de cordilleras montañosas y de los abismos existentes en el fondo marino. En Jonás 2:5-6 dice: "*Las aguas me rodearon hasta el alma, rodeóme el abismo; el alga se enredó en mi cabeza. Descendí a los cimientos de los montes…*". Como se lee: Montes en el fondo del océano. Solo en el siglo XX fue comprobada la existencia de montes y volcanes marinos en el fondo del océano. Hoy en día se tienen mapas precisos del suelo marino en los que se muestran los montes y volcanes.

La Biblia habla de las corrientes marinas existentes cuando no se tenía conocimiento de las mismas. Salmo 8:8 dice: "*Las aves de los cielos y los peces del mar; todo cuanto pasa por los senderos del mar*". Tres mil años atrás la Biblia describió "senderos del mar". Matthew Maury conocido como el padre de la oceanografía moderna y de la meteorología naval y con el sobrenombre del "sabueso de los mares", leyó este pasaje de la Biblia y se dedicó a investigar estos supuestos "senderos". Gracias a su estudio y dedicación; pero sobre todo a su fe en la Pablara de Dios, hoy los marinos cuentan con información específica de estas corrientes marinas, disminuyendo así, por muchos días el tiempo de navegación por los océanos.

**Higiene.** La Biblia nos dice cómo evitar infecciones. En Levítico 15:13 Dios dice: "*...y lavará su cuerpo en aguas corrientes, y será limpio*". Por siglos, las personas equivocadamente se lavaban en aguas estancadas, pero hoy se reconoce la necesidad de agua limpia para evitar infecciones.

La Biblia nos hablaba desde tiempos inmemorables sobre higiene industrial. En Deuteronomio 23:12-13 Dios dijo: "*Tendrás un lugar fuera del campamento adonde salgas; tendrás también entre tus armas una estaca; y cuando estuvieres allí fuera, cavarás con ella y luego al volverte cubrirás tu excremento*". Esto se denomina industria sanitaria. Dios ordenó a su pueblo tener siempre una pala para que pudieran cubrir su excremento (letrina). El registro histórico sobre la Primera Guerra Mundial indica que miles de soldados murieron por infecciones a falta de aislar los desechos humanos.

**Futuro:** La Biblia hace referencia a muchos eventos y situaciones actuales, veamos algunas de éstas: Viajes y conocimiento (Daniel 12:4); carrera espacial (Abdías 1:4); transporte mecánico (Nahúm 2:4); guerras nucleares y misilísticas (2 Pedro 3:10-12); el establecimiento de Israel como nación en 1.948 (Ezequiel 36:37); medios de comunicación masiva (Apocalipsis 11:9); huelgas y desocupación (Zacarías 8:10); rearme mundial (Joel 3:9-10).

En la Biblia ya se profetiza las consecuencias de las bombas atómicas, en Zacarías 14:12 Dios habla a través de su profeta: "*Y esta será la plaga con que herirá (Yahveh-Jehová) a todos los pueblos que pelearon contra Jerusalén: la carne de ellos se corromperá estando ellos sobre sus pies, y se consumirán en las cuencas sus ojos, y la lengua se les deshará en su boca*".

En la Biblia ya se había profetizado los futuros aviones que el hombre inventaría, en Jeremías 4:13 Dios habla a través de su profeta: "*He aquí que subirá como nube, y su carro como torbellino; más ligeros son sus caballos que las águilas. ¡Ay de nosotros, porque entregados somos a despojo!*".

**Cosmovisión cristiana:** La cosmovisión cristiana, con su insistencia en el orden del universo, su énfasis en la razón humana, y su enseñanza de que Dios es glorificado en nuestra comprensión de su creación, puso los cimientos de la revolución científica moderna.

La mayoría de los primeros científicos se vieron obligados a estudiar el mundo natural, debido a su cosmovisión cristiana. En su libro *La ciencia y el mundo moderno*, el matemático y filósofo británico Alfred North Whitehead, llega a la conclusión de que la ciencia moderna se desarrolló a partir de "la insistencia medieval de la racionalidad de Dios".[3]

La mayoría de los científicos antiguos eran teístas, es decir, creían profundamente en Dios, tales como Francis Bacon (1.561-1.626), Johannes Kepler (1.571-1.630), Blaise Pascal (1.623-1.662), Robert Boyle (1.627-1.691), Isaac Newton (1.642-1.727) y Luis Pasteur (1.822-1.895) entre otros. Para muchos de ellos, la creencia en Dios era la principal fuente de motivación para sus investigaciones del mundo natural.[4]

Los libros de ciencia siempre están cambiando y actualizándose con cada nuevo descubrimiento o teoría; pero la Biblia continúa tan actualizada hoy en día como en los tiempos antiguos.

Todo lo antes expuesto en la "evidencia científica", muestra que no hay desacuerdo entre la ciencia exacta y la Biblia.

**Jesucristo co-responsable de la creación:** Jesucristo tuvo parte junto con Su Padre en la creación del universo y del mundo. En Hebreos 1:2-3 el apóstol Pablo dice: "*En estos postreros días nos ha hablado por el Hijo, a quien constituyó heredero de todo, y por quien asimismo hizo el universo; el cual, siendo el resplandor de su gloria, y la imagen misma de su sustancia,* *y quien sustenta todas las cosas con la palabra de su poder...".* Jesucristo es eterno, tuvo parte con el Padre en la creación del universo y del mundo.

El mismo Jesucristo lo confirma en Juan 17:5, Jesús dice: "*Ahora pues, Padre, glorifícame tú al lado tuyo, con aquella gloria que tuve contigo antes que el mundo fuese*".

# EVIDENCIA BIBLIOGRÁFICA

**Manuscritos antiguos.** Entre el siglo XIX y XX se han realizado la mayoría de los descubrimientos bibliográficos que han confirmado mucho más la veracidad de los acontecimientos bíblicos tanto del Antiguo como del Nuevo Testamento.

Algunos descubrimientos de manuscritos tanto del Antiguo como del Nuevo Testamento han sido muy dramáticos, unos de estos descubrimientos han sido:

1. **El Papiro Rylands, No.457**
   a) Contiene partes de cuatro versículos de Juan 18.
   b) El manuscrito estaba originalmente en forma de libro, ninguna parte de rollo.
   c) Data del año 125 d.C.
   d) Por el tiempo en que el manuscrito fue producido, el evangelio de Juan había circulado a lo largo de Egipto; esta copia particular ha sido usada extensamente, transportada, manejada y había permanecido escondida hasta que los arqueólogos la encontraron en el año de 1.935.
2. **Los Rollos del Mar Muerto**
   a) Hasta el siglo XX, los eruditos habían dependido de los manuscritos producidos durante la edad media para traducir el texto hebreo del Antiguo Testamento.

b) Entre los muchos manuscritos de los *Rollos del Mar Muerto*, uno contenía completo el libro de Isaías que data al menos del año 100 a.C.

3. Quizás el más antiguo fragmento de las Escrituras del Antiguo Testamento descubierto en 1.979 data del siglo VII a.C., los dos amuletos en forma de cigarrillo cubiertos de color plateado fueron encontrados en una antigua tumba de Israel, estos amuletos contienen la bendición sacerdotal de Números 6:24-26: "*(Yahveh-Jehová) te bendiga, y te guarde; (Yahveh-Jehová) haga resplandecer su rostro sobre ti, y tenga de ti misericordia; (Yahveh-Jehová) alce sobre ti su rostro, y ponga en ti paz*".

**Copias antiguas del A.T y N.T:** Existen más de cinco mil seiscientas copias antiguas de la Biblia hasta ahora descubiertas.

El Antiguo Testamento se escribió en su gran mayoría en hebreo, griego y latín; siendo la mayoría de las copias traducidas en griego. Este griego llamado "*koine* o común", era la lengua que se hablaba en la mitad oriental del imperio romano, incluida Palestina, que había sido helenizada dos siglos antes. Era la lengua que se hablaba en las ciudades, en el comercio y se utilizaba en la literatura.

Existen más de veinticinco mil copias antiguas del Nuevo Testamento que testifican su autenticidad, y cada año se consiguen más copias en hallazgos arqueológicos.

**Comparación de copias antiguas fuera de la Biblia:** El libro antiguo que no sea el Antiguo Testamento que más se le acerca en número de copias al Nuevo Testamento es la *Ilíada* de Platón, con tan solo seiscientas cuarenta y tres copias.

La copia más antigua de la *Ilíada*, se ubica en mil seiscientos años después de la vida de Platón.

El emperador romano Julio Cesar, compuso su historia *Guerras de las Galia* (actual Francia) entre los años 58 y 50 a.C.

A pesar de que la autoría de sus manuscritos depende apenas de nueve o diez reproducciones, cuyas copias datan de mil años después de su muerte, los historiadores no dudan de su veracidad, pero muchos cuestionan el Nuevo Testamento.

Otro ejemplo es el libro *Poética* escrito por Aristóteles alrededor del 343 a.C., y el ejemplar más antiguo que se tiene data del año 1.100 d.C.; es decir, un vacío de casi 1.400 años y, sin embargo, muchos historiadores no dudan de su veracidad, pero si la del Nuevo Testamento. Esto para poner solamente unos ejemplos; pero existen miles de casos más.

**Exactitud del texto bíblico:** En los tiempos antiguos donde por supuesto no existían las máquinas fotocopiadoras, los manuscritos los copiaban a mano. Era un trabajo realizado de manera muy laboriosa por los "los escribas", letra por letra, palabra por palabra, línea por línea (2 Reyes 22:3; 25:19; 2 Crónicas 26:11; Jueces 5:14; Ezequiel 9:3,4; Jeremías 36:32). La solemne advertencia del antiguo Rabí Masorético a los jóvenes escribas judíos muestra cuán celosamente la transmisión del texto sagrado fue guardado: "Pongan atención ustedes hacia su obra, porque su obra es la obra del cielo; no sea que roben o añadan una letra del manuscrito, y así se conviertan en un destructor del mundo".[5]

La exactitud del texto preservado en los varios manuscritos antiguos de la Biblia es asombrosa, un ejemplo de ello lo vemos:

- En manuscritos antiguos encontrados que poseen versículos (Isaías 40:6-8) y en (1 Pedro 1:23-25).

  a) Westcott and Hort, eminentes críticos textuales dicen: "Si las comparativas trivialidades tales como cambios de orden, la inserción u omisión del artículo con nombres propios y cosas semejantes, son puestas a un lado; las palabras en nuestra opinión todavía sujetas a la duda pueden difícilmente contar más que una milésima parte de todo el Nuevo Testamento" (*The New Testament in the Original Greek*, Pág.565). A esta declaración Henry Thiessen añade: "Esto sería el total de un poco más que media página del Testamento Griego de donde esta Evidencias históricas y arqueológicas declaración es tomada. ¡Verdaderamente, esto es muy poco!" (*Introduction to the New Testament*, pág. 77).

b) "Un ministro podría sentir que usar el texto de Wescott y Hort posee las mismas palabras de los autógrafos originales, excepto por un menor grado de variables de poco significado" (*Floyd Filson*, *Origins Of The Gospels*, pág. 34). Aun si tuviéramos solamente algunas citas del Nuevo Testamento que son encontradas en las escrituras de los primeros cristianos; el texto es preservado notablemente bueno. "En realidad, son tan extensas esas citas que, si todas las otras fuentes de nuestro conocimiento del texto del Nuevo Testamento fueran destruidas, ellas podrían ser suficientes para la reconstrucción de prácticamente todo el Nuevo Testamento"[6]

- La exactitud del texto bíblico es debido al cuidado con el cual los fieles escribas copiaron manuscritos de manuscritos.

  a) Un maravilloso ejemplo del cuidado de los antiguos escribas es dado por Alan R. Millard, *En alabanza de los antiguos escribas* en (*Biblical Archaeologist* 45:3, verano de 1.982; págs. 143-153). Aquí él describe en detalle la transmisión de los antiguos textos Mesopotámicos copiados por escribas seculares: "La versión antigua babilónica es una reflexión fiel de un texto que ha sido ya colocado en la tradición de literatura sumeria por siglos" (pág. 196). Luego él concluye: "No hay duda que se hayan cometido errores por los copistas y luego hayan sido pasados al texto impreso.

La diligencia del lector moderno para detectarlos (y ellos son comúnmente errores de ojo y mano), no debiera ser más grande que su diligencia para admitir que los antiguos escribas y copistas pudieron también ser precisos y cuidadosos y conocer su negocio mejor que él. Los antiguos escribas merecen nuestra gratitud y alabanza" (Pág.153).

b) La solemne advertencia del antiguo Rabí Masorético a los jóvenes escribas judíos muestra cuán celosamente la transmisión del texto sagrado fue guardado: "Pongan atención ustedes hacia su obra, porque su obra es la obra del cielo; no sea que roben o añadan una letra del manuscrito, y así se conviertan en un destructor del mundo" (citado del *Talmud*, en *General Biblical Introduction*, por H. S. Miller, Pág.187).

c) "Afortunadamente en el caso de la Biblia hubo una poderosa resistencia al cambio y los escribas fielmente reprodujeron el texto antes que ellos, ya sea que lo entendieran en detalle o no, y aun cuando el texto poseyere serios problemas al interpretarlo".[7]

- Conclusión:

1) La integridad del texto bíblico ha sido mantenida a través del cuidado tomado por los antiguos escribas, mientras copiaban las Escrituras.

2) Conforme aumenta el descubrimiento de los antiguos manuscritos disponibles a nosotros, ¡nuestra confianza en la Biblia se fortalece!

3) "*Toda carne es como la hierba, y toda la gloria del hombre como flor de la hierba. La hierba se seca, y la flor se cae; mas la palabra del Señor permanece para siempre…*" (Isaías 40:6-8; 1 Pedro 1:23-25).

En enero de 1.947 unas cabras extraviadas de unos beduinos ayudaron a realizar uno de los descubrimientos arqueológicos más grandes del siglo XX, los *Pergaminos del Mar Muerto*, unos pergaminos guardados por más de dos mil años en unas cuevas y pertenecientes a una secta judía llamada los "*Esenes* o Esenios". Estos manuscritos miles de años más antiguos que el en aquel entonces texto hebreo más viejo de la Biblia. (De los cuales muchos habían sido escritos 100 años antes del nacimiento de Jesús). Estos pergaminos revolucionarían al mundo arqueológico y le darían a un equipo de traductores una tarea gigantesca que aún hoy en día no se termina.

Una de las contribuciones más importantes de los *Pergaminos del Mar Muerto* son los numerosos manuscritos Bíblicos que han sido descubiertos. Hasta los descubrimientos de Qumran, los manuscritos de escrituras hebreas más antiguos eran copias de los siglos IX y X d.C., de un grupo de escribas judío llamado los Masoretes. Ahora tenemos manuscritos 1.000 años aproximadamente más viejos. ¡La asombrosa verdad es que estos manuscritos son casi idénticos! Esto es un firme ejemplo del cuidado que los escribas judíos ponían a través de los siglos en un esfuerzo por copiar las Santas Escrituras. Podemos tener confianza de que nuestras escrituras del Viejo Testamento representan fielmente las palabras dadas a Moisés, David y los profetas.

**Exactitud del Nuevo Testamento:** Los evangelios originales nunca fueron localizados, sin embargo, con los últimos hallazgos arqueológicos, se ha establecido que todos los evangelios fueron escritos a partir de la segunda mitad del primer siglo.

Los cuatro evangelios son los libros más investigados y estudiados en toda la historia de la humanidad. Todos los años se escriben más libros de estudios sobre los cuatro evangelios que cualquier otro libro, saliendo siempre airosos de cada investigación. Fueron escritos entre los años 50 y 90 a.C., y el retrato que hacen de Jesucristo concuerda completamente con el que hace el apóstol Pablo, quien escribió diez años antes (40 d.C.) de que estos evangelios comenzaran a ser escritos.

Aun con todos los datos señalados anteriormente, todavía existen personas que pretenden negar la autenticidad del Nuevo Testamento, pero estas mismas personas que cuestionan la veracidad del Nuevo Testamento sí aceptan la autenticidad de la *Ilíada*, que tiene solo seiscientas cuarenta y tres copias y cuya copia más cercana a la época de Platón data de unos mil seiscientos años después de su vida. A diferencia del Nuevo Testamento que tiene más de veinticinco mil copias, y tan solo unos cincuenta años de separación aproximada entre la copia más antigua y los evangelios originales.

Los dos idiomas más importantes del imperio romano eran el latín y el griego, por tal motivo, la mayoría de las copias de los evangelios antiguos están escritos en griego como primera lengua y en latín como segunda lengua.

Existen personas que no desean reconocer la autenticidad del Nuevo Testamento, esto debido a que aducen que existen inconsistencias en ciertas oraciones entre las copias griegas que afectan de forma, pero no de fondo; es decir, el significado de la oración no se afecta porque en la escritura griega a diferencia del castellano, la ubicación del "sujeto" no afecta el significado final de la oración.

Los últimos hallazgos de manuscritos antiguos del Nuevo Testamento demuestran la integridad de los mismos. Sir Frederick Kenyon, quien fuera el director y bibliotecario principal en el Museo Británico, y cuya autoridad sobre manuscritos antiguos no tiene igual, concluye: "El intervalo entonces entre las fechas de la composición original y las primeras evidencias existentes, llega a ser tan pequeño como para que sea insignificante en realidad, y el último fundamento para cualquier duda de que las Escrituras nos llegaron de manera sustancial tal y como se escribieron, está eliminado ahora. Al fin puede considerarse como establecidas la autenticidad y la integridad general de los libros del Nuevo Testamento".[8]

Los autores del Nuevo Testamento, se preocuparon grandemente de que la información sobre Jesús fuera exacta como veremos a continuación:

- (Lucas 1:1-4): el evangelista dice: "*Puesto que ya muchos han tratado de poner en orden la historia de las cosas que entre nosotros han sido ciertísimas, tal como nos lo enseñaron los que desde el principio lo vieron con sus ojos, y fueron ministros de la palabra, me ha parecido también a mí, después de haber investigado con diligencia todas las cosas desde su origen, escribírtelas por orden, oh excelentísimo Teófilo, para que conozcas bien la verdad de las cosas en las cuales has sido instruido*".
- (2 Pedro 1:16): el apóstol dice: "*Porque no os hemos dado a conocer el poder y la venida de nuestro Señor Jesucristo siguiendo fábulas artificiosas, sino como habiendo visto con nuestros propios ojos su majestad*".
- (Juan 19:35): el apóstol dice: "*Y el que lo vio da testimonio, y su testimonio es verdadero; y él sabe que dice la verdad, para que vosotros también creáis*".
- (Juan 21:24-25): el apóstol dice: "*Este es el discípulo que da testimonio de estas cosas, y escribió estas cosas; y sabemos que su testimonio es verdadero. Y hay también otras muchas cosas que hizo Jesús, las cuales, si se escribieran una por una, pienso que ni aun en el mundo cabrían los libros que se habrían de escribir. Amén*".
- (1 Juan 1:3): el apóstol dice: "*Lo que hemos visto y oído, eso os anunciamos, para que también vosotros tengáis comunión con nosotros; y nuestra comunión verdaderamente es con el Padre, y con su Hijo Jesucristo*".
- (Hechos 1:3): el evangelista Lucas dice: "*A quienes también, después de haber padecido, se presentó vivo con muchas pruebas indubitables, apareciéndoseles durante cuarenta días y hablándoles acerca del reino de Dios*".

- (Hechos 4:20): el evangelista Lucas dice: "*Porque no podemos dejar de decir lo que hemos visto y oído*".

Los evangelios demuestran la honestidad de sus autores. El historiador Will Durant, que se preparó en la disciplina de la investigación histórica y se pasó la vida analizando documentos de la antigüedad, escribe: "A pesar de los prejuicios y los falsos conceptos teológicos de los evangelistas, estos registraron muchos incidentes que hubieran ocultado simples inventores: la competencia de los apóstoles por los lugares altos en el reino, su huida después del arresto de Jesús, la negación de Pedro, el hecho de que Cristo no hiciera milagros en Galilea, las referencias de algunos oyentes de su posible locura, sus primeras dudas en cuanto a su misión, sus confesiones de ignorancia respecto al futuro, sus momentos de amargura, su grito desesperado en la cruz; nadie que lea estas escenas puede dudar de la realidad del personaje detrás de ellas. Que unos pocos y sencillos hombres hayan inventado una personalidad tan poderosa y atractiva, tan sublime y ética y tan inspiradora de una visión de hermandad humana, sería un milagro mucho más increíble que cualquiera registrado en los evangelios. Después de dos siglos de crítica textual, las descripciones de la vida, el carácter y las enseñanzas de Cristo siguen siendo claras de un modo razonable, y constituyen la característica más fascinante en la historia del hombre occidental".[9]

Dos amigos y discípulos del apóstol Juan, confirman la evidencia interna que aparecen en las narraciones de los cuatro evangelios y de sus autores. El primero fue Papías, obispo de Hierápolis (130 d.C.). El historiador Eusebio conservó los escritos de Papías como sigue: El anciano Papías, solía decir esto: "Marcos, al ser el intérprete de Pedro, escribió con exactitud todo lo que él (Pedro) mencionó, ya sean los dichos u obras de Cristo; pero no en orden. Pues él no fue ni oyente ni compañero del Señor; pero después, como he dicho, acompañó a Pedro, quien adaptó sus enseñanzas tal como lo requería la necesidad, no como si fuera a hacer una recopilación de los dichos del Señor. De modo que Marcos no cometió ningún error, escribió a su manera algunas cosas como las mencionó; pues prestó atención a esta única cosa: no omitir nada de lo que había escuchado, ni incluir ninguna falsa declaración".[10]

El segundo amigo del apóstol Juan fue uno de sus discípulos, Policarpo, quien se convirtió en obispo de Esmirna y fue cristiano durante ochenta y seis años. El alumno de Policarpo, Ireneo, más tarde obispo de Lyon 180 d.C., escribió de lo que aprendió de Policarpo discípulo de Juan: "Mateo escribió su evangelio entre los hebreos judíos, en su propia lengua, cuando Pedro y Pablo predicaban su Evangelio en Roma y fundaron la iglesia allí. Después de su partida (muerte), que según una sólida tradición la coloca en el tiempo de la persecución de Nerón en el 64 d.C., el mismo Marco, discípulo e intérprete de Pedro, nos dejó por escrito la sustancia de la predicación de Pedro. Lucas, seguidor de Pablo, escribió en un libro, el evangelio predicado por su maestro. Luego Juan, el discípulo del Señor, que también se reclinó sobre su pecho (esto es en referencia a Juan 13:25 y 21:20), redactó su evangelio mientras vivía en Éfeso, Asia".[11]

El evangelista Lucas fue un médico de profesión, pero también se le considera como uno de los grandes historiadores de la antigüedad, Sir Willian Ramsay, uno de los más importantes arqueólogos que hayan vivido jamás dijo del evangelista Lucas: "Es un historiador de primera categoría. Este autor se debería colocar junto con los más importantes historiadores". Todo esto lo dijo, por la exactitud del libro de Hechos que tiene una increíble información verificada hasta en los detalles más pequeños, Ramsay admitió que el libro de Hechos era un documento de mediados del siglo I.[12]

El censo romano se realizaba cada catorce años, histórica y arqueológicamente se ha comprobado que José y María tuvieron que regresar al pueblo de nacimiento de José (Belén), debido al censo. Por tal motivo, Jesús nace en Belén y se cumple la profecía del Antiguo Testamento (Miqueas 5:2).

Se encontró un edicto oficial del gobierno romano llamando a censo y fechado en el año 104 d.C. Este edicto dice: "Gayo Vibio Máximo, prefecto de Egipto dice: visto que el tiempo ha llegado para el censo casa por casa, es necesario obligar a aquellos que por alguna causa están viviendo fuera de sus provincias a regresar a sus propios hogares, de manera que cumplan la orden regular del censo y también que atiendan con diligencia el cultivo de sus lotes".[13]

Existe otro papiro del año 48 d.C. donde el emperador Claudio ordena un censo e indica que la familia entera estaba involucrada en el censo. Esto explica por qué José tuvo que llevarse a Belén a la virgen María en estado avanzado de embarazo.

El Nuevo Testamento es el libro antiguo con más respaldado bibliográfico, John Warwick Montgomery (abogado, profesor, teólogo luterano y prolífico autor de varios libros), dijo: "Ser escéptico del texto resultante de los libros del Nuevo Testamento, es permitirle a toda la antigüedad clásica resbalarse en la oscuridad; porque ningún documento del período antiguo está tan bien avalado bibliográficamente como el Nuevo Testamento".[14]

El Nuevo Testamento que nos llega hasta nuestros días es considerado por los grandes historiadores y eruditos casi exactos a los manuscritos originales. Los eruditos Norman Geisler y Willian Nix y coautores del libro *Una introducción general a la Biblia* concluyen: "El Nuevo Testamento, entonces, no solo sobrevivió en más manuscritos que cualquier otro libro de la antigüedad; sino que sobrevivió en una forma más pura que cualquier otro gran libro en un 99,5%".[15]

**Datación de los evangelios:** Algunos de estos hallazgos arqueológicos bibliográficos en papiro como los manuscritos *John Rylands*, también llamado *Papiro 52* o el *Fragmento de San Juan* (130 d.C.), el *Papiro de Chester Beaty* o *Papiros 45, 46 y 47* (155 d.C.) y el *Papiro Bodmer II* (200 d.C.), llenaron el vacío entre la época de Jesús y los manuscritos existentes en fechas posteriores.

Los papiros mencionados anteriormente comprobaron la exactitud de las transcripciones realizadas en el Nuevo Testamento. El Dr. Millar Burrows, un erudito de la Biblia, líder y autoridad en el estudio de *Los papiros del Mar Muerto*, profesor por muchos años de Teología bíblica en la Escuela de Divinidad de la universidad de *Yale* dijo: "Al comparar el Nuevo Testamento en griego con el lenguaje de los papiros descubiertos y mencionados anteriormente, es un aumento de la confianza en la exacta transmisión del texto del propio Nuevo Testamento".[16]

El descubrimiento de estos manuscritos acercó aún más la fecha de la escritura de los evangelios a la muerte de Jesucristo. El Dr. Willian Albright, quien fuera el principal arqueólogo bíblico del mundo escribió: "En mi opinión, cada libro del Nuevo Testamento lo escribió un judío bautizado entre los años cuarenta y los ochenta del primer siglo d.C.; dos generaciones completas antes de la fecha 130 y 150 d.C.; dada por los actuales críticos más radicales del Nuevo Testamento".[17]

Se descubrieron tres fragmentos del evangelio de Mateo que acerca aún más la datación de los testigos del Jesús histórico y donde la divinidad de Jesús ya era aceptada por la primera generación de cristianos. En el año de 1.901 el reverendo inglés Charles Bousfield Huleatt (1.863-1.908), adquirió en un bazar de antigüedades de Luxor un extraño papiro. Contenía los fragmentos más antiguos que existen del evangelio del apóstol Mateo. Poco sabemos de las pesquisas de este reverendo porque sus apuntes e investigaciones quedaron sepultados, junto a su cuerpo, durante un terremoto en la localidad de Messina, en Sicilia, en 1.908. El papiro, sin embargo, fue a parar a las vitrinas del Colegio Magdalena de Oxford, en el Reino Unido donde aún hoy se conserva. Bueno, en realidad sólo tres pequeños fragmentos de poco más de 1,5 y 3,2 centímetros que reciben el nombre de *Papiro Magdalen Greek-17* (*Papiro Magdalena Griego-17*). Su importancia fue advertida por el investigador alemán Carten Meter Thiede (1.952-2.004) quien no tardó en darse cuenta de que aquellos fragmentos concretamente (Mateo 26:23,31) escondían un tesoro sorprendente. A diferencia del resto de textos del Nuevo Testamento no databan del siglo II. Basándose en la paleografía (estudio de las escrituras antiguas) estudia el tipo de escritura empleada en este papiro y comparándolas con las escrituras de papiros sobrevivientes de la cueva de Nahal Hever (135 d.C.), de la fortaleza de Masada (70 d.C.) y de *Los papiros del Mar Muerto* encontrados en Qumran (68 d.C.), todos estos sitios ubicados en Israel, pudo determinar que aquellas escuetas 5 líneas databan de comienzos del siglo I, es decir, eran contemporáneas al propio Jesús. De los textos se deduce que la divinidad del Nazareno ya fue admitida por la comunidad cristiana mucho antes del Concilio de Nicea, en el año 325 d.C.

**Jesús en textos extra bíblicos:** En muchos escritos posteriores como en el *Talmud judío*, se menciona a Jesús como un hechicero que hizo errar al pueblo de Israel, lo cual de una manera reconoce que hizo milagros asombrosos, aunque cuestionaran la fuente de su poder.

Los historiadores antiguos se ocupaban principalmente de contar solo la historia de líderes políticos, emperadores, reyes, figuras religiosas oficiales, batallas militares y grandes movimientos filosóficos, pero no de figuras como Jesús y sus seguidores, sin embargo, muchos historiadores antiguos no cristianos escribieron sobre ellos.

Fuera del texto bíblico existen más de cuarenta fuentes extra bíblicas que dan fe de más de cien hechos relacionados con la vida y las enseñanzas de Jesús, algunas de ellas son:

- Flavio Josefo (37-100 d.C.), historiador judío registró la historia del pueblo judío en Palestina entre los años 70-100 d.C. En su obra, *Antigüedades judías*, dice: "Ahora bien, existió, alrededor de este tiempo, Jesús, un hombre sabio, si corresponde llamarlo hombre, porque era un hacedor de obras maravillosas, un maestro de hombres que reciben la verdad con placer. Atrajo hacia sí a muchos de los judíos y muchos de los gentiles. Él fue el Cristo y, cuando Pilato, por sugerencia de los principales hombres entre nosotros, lo condenó a la cruz, los que lo amaban al principio no lo abandonaron. Porque apareció vivo nuevamente al tercer día, como habían predicho los profetas divinos estas y diez mil otras cosas maravillosas acerca de él; y la tribu de los cristianos, nombrados así por él, no están extintos al día de hoy". Si bien menciona a Jesús de forma sarcástica, Josefo confirma los hechos de que Jesús realmente hizo muchos grandes milagros, atrajo seguidores, fue crucificado y fue proclamado vivo al tercer día.

- Filo Judeo (25-40 d.C.), escritor judío, es muy importante por la luz que arroja sobre ciertos modos de pensamiento y fraseología encontrados de nuevo en algunos de los Apóstoles. Eusebio (Hist. Ecl. II.4) ciertamente preserva la leyenda de que Filón se había encontrado con San Pedro en Roma durante su misión al emperador Cayo; más aún, que en su obra sobre la vida contemplativa describe la vida de la Iglesia de Alejandría, fundada por San Marcos, y no la de los esenios y terapeutas. Pero es apenas probable que Filón hubiera oído hablar lo suficiente de Cristo y de sus seguidores para dar una base histórica a las leyendas corrientes.
- Otras fuentes judías: El carácter histórico de Jesucristo también es atestiguado por la literatura judía hostil de las centurias siguientes. Su nacimiento se atribuye (*Acta Pilati en Thilo; Códice apócrifo* N.T., I, 526; cf. *Justino, Apol.*, I, 35), a un acto ilícito o hasta adulterio de sus padres (*Orígenes, Contra Celso*, I.28 y I.32). El nombre del padre es Pantera, un soldado común (*Gemara Sanhedrin*, VIII; *Schabbath*, XII, cf. *Eisenmenger, Entdecktes*

*Judenthum*, I, 109; *Schottgen*, *Horae Hebraicae*, II, 696; *Buxtorf*, *Lex. Chald. Basle*, 1639, 1459; *Huldreich*, *Sepher toledhoth yeshua hannaceri*, *Leyden*, 1.705). La última obra en su edición final no apareció antes del siglo XIII, de manera que pudo dar al mito de Pantera su forma más avanzada. Rosch opina que el mito no comenzó antes de finales del siglo I. Los escritos judíos posteriores muestran señales de conocimiento del asesinato de los Santos Inocentes (*Wagenseil*, *Confut. Libr.Toldoth*, 15; *Eisenmenger* op. cit., I, 116; *Schottgen*, op. cit., II, 667), de la huida a Egipto (cf. Josefo, Ant. XIII, XIII), de la estancia de Jesús en el Templo a la edad de doce años (*Schottgen*, op. cit., II, 696), de la llamada de los discípulos (*Sanhedrin*, 43a; *Wagenseil*, op. cit., 17; *Schottgen*, loc. cit., 713), de sus milagros (*Orígenes*, *Contra Celso*, II.48; *Wagenseil*, op. cit., 150; *Gemara Sanhedrin* fol. 17; *Schabbath*, fol. 104b; *Wagenseil*, op.cit., 6, 7, 17), de su afirmación de que es Dios (*Orígenes*, *Contra Celso*, I.28; cf. *Eisenmenger*, op. cit., I, 152; *Schottgen*, loc. cit., 699) de la traición de Judas Iscariote; Judas y su muerte (*Orígenes*, *Contra Celso*, II, 9, 45, 68, 70; Buxtorf, op. cit., 1458; Lightfoot, "Hor. Heb.", 458, 490, 498; *Eisenmenger*, loc. cit., 185; *Schottgen*, loc. cit., 699 700; cf. "Sanhedrin", VI, VII). Celso (*Orígenes*, *Contra Celso*, II.55) trata de arrojar dudas sobre la resurrección, mientras que Toldoth (cf. Wagenseil, 19) repite la ficción judía de que el cuerpo de Jesús fue robado del sepulcro.

- Plinio el joven (61-112 d.C.), emperador de Bitinia, en el noroeste de Turquía, escribe al emperador Trajano, en el año 112 d.C., donde aconseja a su majestad imperial sobre cómo tratar con los cristianos que vivían en su jurisdicción: "Tenían la costumbre de reunirse en cierto día fijo antes de aclarar, cuando cantaban un himno a Cristo como Dios, y mediante un solemne juramento se comprometían a no cometer ninguna obra mala, sino abstenerse de todo fraude, robo y adulterio, nunca faltar a la palabra, ni negar algo encomendado cuando se les pedía honrarlo; luego de lo cual tenían la costumbre de separarse, y luego volver a reunirse para participar de los alimentos, pero del tipo común e inocente".

- Tácito (54-119 d.C.), uno de los historiadores romanos más importantes, en el año 115 d.C. registró la persecución de Nerón a los cristianos, durante lo cual escribió lo siguiente: "Christus, de donde el nombre tuvo su origen, sufrió la pena extrema durante el reinado de Tiberio a manos de uno de nuestros procuradores, Poncio Pilato, y una superstición sumamente pícara, verificada como tal por el momento, volvió a desatarse no solo en Judea... sino también en Roma".
- Suetonio (75-160 d.C.), escritor romano que muestra su familiaridad con Cristo y los cristianos. Se ha notado que Suetonio consideraba a Cristo (*Chrestus*) como un insurgente contra Roma que urdió sediciones en el reinado de Claudio (41-54 d.C.): "*Judaeos, impulsore Chresto, assidue tumultuantes (Claudius) Roma expulit*" (Clau., XXV). Suetonio considera a Nerón como un emperador benefactor público por su severo tratamiento a los cristianos: "*Multa sub eo et animadversa severe, et coercita, nec minus instituta... afflicti Christiani, genus hominum superstitious novae et maleficae*" (Nero, XVI). El escritor romano no entiende que los problemas con los judíos surgieron por el antagonismo judío al carácter mesiánico de Jesucristo y a los derechos de la iglesia cristiana.
- Otros escritores paganos: En el siglo II Luciano se burló de Cristo y los cristianos, de la misma manera que se mofó de los dioses paganos. Alude a la muerte de Cristo en la cruz, a sus milagros, al amor mutuo que prevalece

entre los cristianos (*Philopseudes*, nn. 13,16; *De Morte Pereg*). También hay supuestas alusiones a Cristo en Numenio (*Orígenes, Contra Celsus*, IV.51), a sus parábolas en *Galerio*, al terremoto que ocurrió en la crucifixión en Flegón (*Orígenes, Contra Celso*, II.14). Antes del final del siglo II el "*logos alethes*" de Celso, citado por *Orígenes, Contra Celso*, (passim), testifica que en aquel tiempo los hechos relatados en los Evangelios eran generalmente aceptados como históricamente verdaderos. A pesar de lo escaso que son los testimonios paganos sobre la vida de Cristo, al menos dan testimonio de su existencia, de sus milagros, de sus parábolas de su reclamación al culto divino, su muerte en la cruz y de las más impactantes características de su religión.

Todo lo antes expuesto en la "evidencia bibliográfica", demuestra que los textos del Antiguo y Nuevo Testamento llegaron a nuestros días prácticamente íntegros.

# EVIDENCIA ARQUEOLÓGICA

**Hallazgos arqueológicos.** Entre el siglo XIX y XX se han realizado la mayoría de los descubrimientos arqueológicos que han confirmado mucho más la veracidad de los acontecimientos bíblicos tanto del Antiguo como del Nuevo Testamento.

La Biblia describe la historia con exactitud hasta en el más mínimo detalle y la historia avala la exactitud de las Sagradas Escrituras.

Existen más de veinticinco mil hallazgos arqueológicos que proporcionan respaldo en cuanto a la gente, sus títulos y las localizaciones que menciona la Biblia. El renombrado arqueólogo judío Nelson Gluek escribió: "Debe establecerse categóricamente que ningún descubrimiento arqueológico ha contradicho una referencia bíblica".[18]

La Biblia es un libro de fe y no de historia, sin embargo, más de veinticinco mil hallazgos arqueológicos han confirmado su veracidad como libro.

**Ciudades bíblicas.** La arqueología bíblica incluye las ciudades capitales de los más grandes imperios antiguos, por ejemplo: La civilización "Hitita" es mencionada en todo el Antiguo Testamento gobernando el área de lo que hoy es Turquía, Siria y Líbano, aunque nada se conocía acerca de estos pueblos fuera de la Biblia. Hace cerca de 100 años, la antigua ciudad de Boghazkoy fue descubierta al este de Ankara, Turquía, la cual se reveló como la ciudad capital del imperio Hitita. Desde entonces, arqueólogos han descubierto un tesoro de información acerca de la historia, lenguaje y cultura de un pueblo que era, antes de esto, considerado "imaginario" por muchos expertos.

Babilonia, la antigua capital del Imperio Babilónico, cubría alrededor de 1.214 hectáreas, aproximadamente a 89 km al sur de la actual ciudad de Bagdad en Iraq, las ruinas incluyen las famosas estructuras zigurat (ej.: la Torre de Babel), el Palacio del Rey Nabucodonosor, y las enormes murallas que medían cerca de 25 metros de ancho (lo suficientemente anchas para permitir dar la vuelta a un carruaje de cuatro caballos). La Biblia nos dice que Nabucodonosor destruyó Jerusalén en el año 586 a.C., y exilió a los judíos en Babilonia por 70 años.

En el año 2.015 fue descubierta la puerta de entrada a la ciudad bíblica de Gat, hogar de Goliat. Arqueólogos de la Universidad Bar-Ilan liderados por el arqueólogo Aren Maeir explicó que se descubrió la puerta de entrada a la ciudad bíblica de los filisteos conocida como Gat y que, según las Sagradas Escrituras, era el hogar de Goliat y la ciudad más grande del planeta durante el siglo décimo antes de Cristo. Las excavaciones se llevan a cabo en el Parque Nacional de Tel-Zafit, a medio camino entre Jerusalén y Ashkelon, en el centro de Israel.

Los Filisteos eran conocidos como uno de los "pueblos del mar" que constantemente guerrearon contra los israelitas por el control de la primitiva tierra de Canaán. Mencionados más de 200 veces en el Antiguo Testamento, los filisteos tenían su principal puerto marino fortificado en Ashkelon, en el Mar Mediterráneo, el cual fue descubierto un poco al norte de la Gaza actual. Nabucodonosor destruyó Ashkelon en el año 604 a.C., como predijo Jeremías y otros profetas.

La arqueología bíblica encuentra su importancia máxima en las ciudades del Israel antiguo, Jericó mencionada más de 50 veces en la Biblia, fue el punto inicial de entrada a la Tierra Prometida para los israelitas (Josué 6). La arqueología ha confirmado ahora la localización de esta ciudad de murallas y torres fortificadas, que protegía la entrada a la tierra de Canaán desde el Este.

Otro ejemplo es Siquem, una ciudad importante en todo el Antiguo Testamento, de hecho, Jeroboam la hizo capital del reino norte de Israel en el siglo X a.C. (1 Reyes 12:25). Excavaciones han descubierto inmensas murallas y un sistema de puertas fortificadas conteniendo tales hallazgos de importancia como el templo de Baal, de la historia de Abimelec (Jueces 9:46). Excavaciones al norte también han descubierto la ciudad de Dan, la cual fue una fortaleza de Canaán conquistada por Israel (específicamente, la tribu de Dan) alrededor del año 1.150 a.C. (Jueces 18). La ciudad reconstruida, la cual se convirtió en el límite norte de Israel, ha revelado un tesoro de artefactos de importancia bíblica.

El límite de Israel al sur era Beerseba, la cual se convirtió en una ciudad fortificada durante el período del rey Salomón (1 Reyes 4:25). Excavaciones entre los años de 1.969 y 1.976 han descubierto masivas murallas, puertas, pozos y almacenes, que coinciden con los relatos bíblicos.

La antigua ciudad de Jerusalén, data de los tiempos de la conquista inicial del rey David, fue descubierta y excavada entre los años de 1.978 y 1.985. Antes de esto, fuera de la Biblia, nada se conocía acerca de la Jerusalén del rey David, la cual ha revelado ahora un palacio, torres, y el famoso estanque de Siloé (2 Samuel; 1 Crónicas).

Las antiguas ruinas de Gabaa fueron descubiertas cerca de tres millas al norte de Jerusalén. Gabaa fue el hogar de Saúl y la tribu de Benjamín, y más tarde se convirtió en la ciudad capital del rey Saúl (Jueces 19; 1 Samuel 10-15). Excavaciones han revelado que la fortaleza/palacio de Saúl data cerca del año 1.100 a.C.

Megido era una ciudad cananita conquistada al norte por Israel, era una fortaleza asentada en una colina, cerca de una extensa planicie que presenció muchas batallas de importancia histórica. En los años 900 a.C., el rey Salomón fortificó la ciudad (1 Reyes 4:12), y más tarde, en los años 600 a.C., el rey Josías perdió una batalla contra los egipcios allí. De acuerdo a Apocalipsis 16:16, Megido (también conocido como Armagedón) es el lugar de la batalla mundial final, en donde Jesucristo derrotará a las fuerzas de Satanás y establecerá Su reino glorioso por toda la eternidad.

**Los evangelios y sus referencias arqueológicas.** En los últimos cien años la arqueología ha realizado más descubrimientos que en los siglos anteriores, desenterrando en repetidas ocasiones pruebas arqueológicas que confirman referencias específicas de los evangelios, en particular de los evangelios de Lucas y Juan, a quienes los críticos más habían atacado.

**Lucas.** El consenso de los eruditos liberales y conservadores, es que el evangelista Lucas es muy preciso como historiador. Los descubrimientos arqueológicos así lo han confirmado y que Lucas es muy exacto en lo que tiene que decir.

Un ejemplo de la exactitud del evangelista Lucas en sus referencias históricas se encuentra en (Lucas 3:1); donde hace referencia a Lisianas como tetrarca de Abilene alrededor del año 27 d.C. Durante años los eruditos criticaron a Lucas porque Lisianas no era tetrarca, sino gobernador de Calcis medio siglo después, pero la arqueología demostró que Lucas estaba en lo correcto. Se encontró una inscripción del tiempo de Tiberio del año 14 al 37 a.C., en la cual se nombra a Lisianas como tetrarca en Abila, cerca de Damasco, tal como Lucas había escrito. Resultó que hubo dos autoridades del gobierno llamadas Lisianas.[19]

Otro caso arqueológico donde se dudó de Lucas y por consiguiente del Nuevo Testamento, es la referencia de Lucas en (Hechos 17:6), a la palabra "poliarcas" que se traduce como "magistrados de la ciudad" en la ciudad de Tesalónica, Grecia. Como nunca se había conseguido el término "poliarcas" en ningún documento antiguo romano, se pensaba que Lucas estaba equivocado. Sin embargo, una inscripción en un arco del siglo II que se encontró comienza con: "En el tiempo de los poliarcas...". En el Museo Británico se puede ver esta inscripción; pero eso no es todo, los arqueólogos descubrieron después más de treinta y cinco inscripciones que mencionan a los poliarcas.[20]

En Lucas 18:35 se escribe que Jesús está "acercándose" a Jericó, en cambio Marcos 10:46 escribe que Jesús estaba "saliendo" de Jericó, a primera vista existe una contradicción, Lucas dice "entrando" y Marcos dice "saliendo"; sin embargo, no la hay, porque Jericó estuvo en cuatro lugares diferentes en menos de quinientos metros de distancia entre ellos en tiempos antiguos. La ciudad fue destruida y reconstruida cerca de una fuente de agua distinta o de un nuevo camino, etc., lo importante del caso, es que uno podía estar entrando a uno de los lugares donde existía Jericó o saliendo. Una vez más Lucas estaba en lo cierto.

Muchos expertos en la Biblia han examinado con cuidado las referencias del evangelista Lucas a treinta y dos países, cincuenta y cuatro ciudades y nueve islas en el libro de Hechos y no han encontrado ni un solo error.[21]

**Juan.** Al apóstol Juan también se llegó a criticar de no ser preciso; porque supuestamente hablaba de lugares que no se podían corroborar, sin embargo, la arqueología volvió a darles la razón a los autores de los evangelios.[22]

En Juan 5:1-15 se registra como Jesús sanó a un inválido en el estanque de Betesda y los críticos dudaban de la veracidad de este pasaje. Este estanque fue descubierto y yace a trece metros bajo tierra, por cierto, se hallaron los cinco pórticos; es decir, galerías o portales con columnas, exactamente como Juan las describe en su evangelio. En el año de 1.888, el profesor Conrad Schick organizó una expedición y desenterró el área total hasta el nivel romano, dejando al descubierto dos estanques de gran tamaño con cinco pórticos y numerosos fragmentos de columnas y capiteles; todo esto en estilo romano, pero evidentemente un poco más reciente que la época de Cristo. Había escalones empinados en forma de espiral que conducían a la parte de abajo donde se encontraban los estanques. En una pared de uno de los pórticos había un fresco borroso de un ángel agitando el agua. Aquí estaba situada Betesda, según la tradición de la Iglesia primitiva.

En Juan 9:7 se nombra el estanque de Siloé donde Jesús curó un ciego y los críticos dudaban de la veracidad de este pasaje. En el año 2.004 los operarios que trabajaban en el mantenimiento de un sistema de drenaje de aguas pluviales de la ciudad de Jerusalén, encontraron mientras cavaban, antiguos escalones de piedra. Los arqueólogos Eli Shukrum, de la Autoridad de Antigüedades de Israel, y Ronny Reich, de la Universidad de Haifa, fueron los encargados de explorar el área descubierta. El sistema de drenaje, y hasta la calle en que se ubicaba, fueron desviados, liberando el área para mayores excavaciones. Después de meses de trabajo, una larga escalinata fue descubierta, siendo ésta el acceso al gran estanque en que el mendigo se lavó.

En Juan 4:5 se nombra el pozo de Jacob, donde Jesús se reúne con la mujer samaritana e igualmente los críticos dudaron de la veracidad de este pasaje. Una caminata de uno o dos minutos desde la acrópolis de Siquem lo llevan hasta el pozo de Jacob, localizado ahora dentro de la iglesia y monasterio ortodoxo oriental de *Bir Ya'qub* (Pozo de Jacob). Este sitio donde Jesús encuentra a la mujer samaritana junto al pozo y le dice acerca del agua viva que Él da. Algunos creen que este fue el pozo cavado originalmente por Jacob cuando acampó frente a Siquem. Este campo y pozo no son mencionados específicamente en el relato del Génesis acerca de Jacob. Aunque actualmente no existe evidencia de que el pozo haya estado allí durante la Edad de Bronce, es confirmado por el Evangelio de Juan y por Eusebio, en el *Onomasticon 164*, línea 3 también titulado (*Referente a los topónimos en las Sagradas Escrituras*), y la primera iglesia fue construida sobre este lugar en el siglo 4 d.C.

En Juan 19:13 se nombra el "empedrado" cerca de la puerta de Jaffa, donde Jesús compareció ante Poncio Pilatos, este fue otro pasaje del cual se dudó de su veracidad. Durante excavaciones llevadas a cabo en 1.933, se hizo el descubrimiento del enlosado o pavimento (piso del patio de la Fortaleza). El descubrimiento tiene sus orígenes a principios del siglo XXI, con los planes de expansión del Museo Torre de David en Jerusalén, cuando se comenzó a cavar el suelo de un viejo edificio abandonado junto a la estructura, utilizado como una cárcel. Hoy, después de años de excavación y retrasos causados por las guerras y falta de fondos, los arqueólogos poco a poco fueron encontrando restos de cimientos, paredes e incluso un sistema de alcantarillado subterráneo. Según lo descrito en el Evangelio de Juan, la escena encaja con los hallazgos anteriores cerca de la prisión. Actualmente, el descubrimiento se está mostrando al público a través de visitas guiadas organizadas por el museo. Según los arqueólogos, la prisión podría convertirse en un nuevo lugar sagrado para los peregrinos cristianos, o incluso cambiar la ruta del Vía Crucis.

**Nazaret en la arqueología.** Jesús nació en Belén, región de Judea, pero se crió en Nazaret, región de Galilea, hasta que inició su ministerio público.

El pueblo de Nazaret en los tiempos de Jesús era muy pequeño e insignificante, el respetado arqueólogo norteamericano Dr. James Strange de la Universidad de Florida, es un experto en la materia y escribe: "Nazaret era un lugar pequeño, de unos sesenta acres (24 hectáreas), con una población máxima de 480 habitantes, aproximadamente a principios del siglo I".[23]

El propio apóstol Natanael cuando el apóstol Felipe le dice: "*...Hemos hallado a aquél de quien escribió Moisés en la Ley, así como los profetas: a Jesús, el hijo de José, de Nazaret. Natanael le dijo: ¿De Nazaret puede salir algo bueno? Le dijo Felipe: Ven y ve*" (Juan 1:45-46).

Hubo escépticos que dudaron de la existencia de Nazaret en los tiempos de Jesús, esto es debido a que nunca es nombrada en el Antiguo Testamento, tampoco aparece en los escritos del apóstol Pablo, ni en los del Talmud (obra que recoge principalmente las discusiones rabínicas sobre leyes judías, tradiciones, costumbres, narraciones y dichos, parábolas, historias y leyendas), aunque este cita sesenta y tres pueblos de Galilea, ni en los escritos del historiador judío Josefo (quien nombra otros cuarenta y cinco pueblos y ciudades de Galilea, incluyendo al pueblo de Jaffa que se encontraba a un kilómetro y medio de Nazaret).

El nombre de Nazaret aparece escrito por primera vez en la literatura judía en un poema escrito alrededor del siglo 7 d.C. La primera mención extra-evangélica pero indirecta de Nazaret está en algunas fuentes judaicas de fines del siglo I d.C., con referencia a la comunidad judeo-cristiana que creía en "*Jeshua Hannozrî*" (Jesús de Nazaret), los "*nozrím*" (nazarenos) que junto a los "*miním*" (herejes) fueron incluidos en la doceava oración del rezo "*Shemonè Esrè*", anotación insertada durante el llamado "sínodo de Jamnia-Javneh". Sin embargo, ya los historiadores y geógrafos la nombran en el siglo IV d.C.

Recientes descubrimientos arqueológicos confirman que Nazaret si existía en el siglo primero, uno de ellos es una lista en arameo que describe la reubicación de veinticuatro "cursos" o familias de sacerdotes que fueron reubicados a raíz de la caída de Jerusalén en el año 70 d.C. y uno de ellos, es enviado a Nazaret.

La referencia epigráfica (estudio de las inscripciones hechas sobre materiales duros, estableciendo metodologías para leerlas e interpretarlas) más antigua que se tiene sobre Nazaret corresponde a un fragmento de mármol encontrado en 1.962 en la sinagoga de Cesárea Marítima, (datado entre el siglo II y IV d.C.), cuya transcripción dice: "La décimo octava división sacerdotal (llamada) *Hapizzes*, localizado en Nazaret".

Un equipo de arqueólogos británicos liderados por Ken Dark, profesor de la Universidad de Reading (Reino Unido), ha publicado un estudio en el que se asegura haber encontrado el lugar donde probablemente se crió Jesús. La vivienda está ubicada en Nazaret, Israel, y fue descubierta por primera vez en el año de 1.880 por unas monjas del convento de las Hermanas de Nazaret. Sin embargo, no fue hasta el año 2.006 cuando el equipo de investigadores fechó la vivienda en el siglo I y determinó que allí creció Jesucristo, como la población local había creído durante cientos de años, informa el portal científico *Live Science*. "¿Fue ésta la casa donde creció Jesús? Es imposible decirlo con certeza", cuenta Dark, añadiendo que "por otra parte, no existen buenas razones arqueológicas para descartar esta opción". Los especialistas averiguaron que siglos después de la época de Jesús se construyó en aquel lugar la llamada "Iglesia de la Nutrición" decorada con mosaicos con motivos bizantinos. Este templo cayó en desuso en el siglo VIII d.C. y volvió a reconstruirse en el siglo XII bajo el control de los cruzados para finalmente ser incendiado en el siglo XIII.[24]

**Personajes: Poncio Pilatos.** En la década de los 70, durante las obras de limpieza y restauración de un teatro romano en la antigua ciudad de Cesarea, tuvo lugar otro importante hallazgo arqueológico que confirma la existencia de otro de los personajes del Nuevo Testamento, directamente implicado en la crucifixión de Jesús. Se trata de una placa conmemorativa cuya importancia radica en el nombre que se haya grabado en su superficie: *Tiberieum Pontius Pilatus... Praefectus Iudaicae* o lo que es lo mismo: Tiberio Poncio Pilato... Prefecto de Judea. Había pasado inadvertida por estar vuelta al revés. La inscripción resolvía, además, la disputa entre especialistas en torno a la autoridad que ostentaba este personaje por cuanto era llamado prefecto y no procurador, un cargo de rango inferior, aunque acogido con entusiasmo porque se trataba del primer testimonio físico de la existencia de un personaje destacado del Nuevo Testamento. Poncio Pilato tenía su palacio residencial en Cesarea Marítima, sede del gobierno romano en la ribera oriental del Mediterráneo y sólo acudía a Jerusalén para asistir a las grandes fiestas. Despreciado por los judíos por haber construido un acueducto con dinero del Templo y protagonizado varias acciones sangrientas, éstos le denunciaron ante las autoridades romanas, siendo depuesto de su cargo por el gobernador de Siria y enviado a Roma en el año 37 d.C. La historia le conoce sobre todo por el proceso seguido contra Jesús, al que, aun reconociendo su inocencia, lo entregó al infame suplicio de ser clavado en la cruz. Esto agradó a los judíos, evitó un levantamiento popular y para confirmar su rechazo a cualquier clase de responsabilidad, efectuó el famoso gesto de lavarse las manos. (Lucas 23:14; Mateo 27:24).[25]

**Caifás.** Hasta hace unos años, muchos dudaban la historia del juicio de Cristo ante el Sanedrín (Concilio Judío). No había documentación histórica aparte de la Biblia sobre la existencia de un individuo llamado Caifás, y menos de que fuera un sumo sacerdote. Pero en noviembre del año de 1.990 unos obreros que trabajaban en las afueras de Jerusalén, frente del monte Sión, dieron accidentalmente con una cueva repleta de sepulcros.

Estaba formada por una sola cámara, tallada sobre caliza blanda durante el período romano primitivo y tenía cuatro fosas digitiformes de 1,80 metros de profundidad que partían de la cámara principal. En una de estas fosas fueron hallados dos urnas u osarios perfectamente conservados. Una de ellas llamaba especialmente la atención. Tenía su cubierta abombada y una rica ornamentación; una cenefa en forma de rama y dos círculos centrales con seis rosetones cada uno. En uno de sus lados, toscamente grabada, se leía la inscripción *Yehosef bar Caiapha*, o lo que es lo mismo: José, hijo de Caifás. El arqueólogo Zvi Greenhut y el antropólogo Joe Zias concluyeron que este Caifás de la inscripción era el mismo que se menciona en los evangelios. Caifás fue sumo sacerdote entre los años 18 y el 36 d.C. Posiblemente consiguió esa posición al casarse con la hija de Anás, quien fue cabeza de un poderoso clan de sumos sacerdotes (Juan 18:13) y se convirtió en el líder de la conspiración para crucificar a Jesús. Si su última morada fue esta urna funeraria hallada en el Bosque de la Paz, al sur de la ciudad vieja de Jerusalén, se confirma que los personajes del Nuevo Testamento no son mitos, sino seres de carne y hueso que protagonizaron los hechos descritos en los textos. Por desgracia los arqueólogos no fueron los primeros en entrar en el sepulcro, éste había sido profanado en la antigüedad y sus objetos habían sido sustraídos. Lo que sí hallaron fueron los restos de 63 individuos, entre ellos los de Caifás, al parecer, un varón de 60 años.[26]

**Cafarnaúm y la casa del apóstol Pedro.** En la ribera norte del mar de Galilea se erigen las ruinas de Cafarnaúm la ciudad donde se supone que Jesús predicó a los apóstoles. Las excavaciones arqueológicas llevadas a cabo allí durante el siglo XX han sacado a la luz una iglesia de planta octogonal, datada en el siglo V d.C., que al parecer fue erigida para venerar la casa del apóstol Pedro, el "príncipe de los apóstoles". El terreno era propiedad de los monjes franciscanos. Entre los años de 1.968 y 1.985 se realizaron diversas excavaciones sacando a la luz complejísimos estratos. Es decir, que la iglesia bizantina había sido levantada sobre otra estructura anterior, una iglesia-casa del siglo IV d.C. Los arqueólogos franciscanos Virgilio Corbo y Stanislao Loffreda llegaron más lejos aún al comprobar cómo debajo existían restos de una casa con patio del siglo I. En el estuco que recubría las habitaciones habían sido garabateadas diversas invocaciones cristianas en arameo, hebreo, griego, latín y siríaco que revelaban la importancia de aquella sala para las primeras generaciones de cristianos. La conclusión de Corbo y Loffreda es que se trataba de la casa del apóstol Pedro. Su suposición se refrendaba porque cerca de allí, una manzana más al norte, se erige una de las sinagogas más grandes del período bizantino. Parece que ésta construcción fue levantada sobre otra sinagoga más antigua del siglo I. Pues bien, en las paredes de la construcción original los arqueólogos hallaron varias inscripciones en griego y arameo con los nombres judíos que patrocinaron la construcción: Herodes y Chalfo que guardan semblanza con otros que aparecen en los Evangelios. Siendo así podría tratarse de la sinagoga donde Jesús exorcizó a unos demonios (Marcos 1: 21) y en la que impartió sus enseñanzas (Juan 6: 59).[27]

**La barca de Jesús.** En enero de 1.986, dos miembros del *kibbutz Ginnosar* divisaron en Cafarnaum el contorno de una barca enterrada que se convirtió en uno de los hallazgos más importantes del siglo XX. Esta barcaza se hallaba cubierta por el limo de la rivera del mar de Galilea. La grave sequía que asolaba entonces la región provocó un notable retroceso de las aguas dejando al descubierto la primitiva embarcación. Durante el siglo I, la pesca proporcionaba alimento y trabajo a buena parte de los habitantes de Cafarnaum. Según documentan John D. Crossan y Jonathan L. Reed en su reciente libro *Jesús desenterrado,* existía entonces un sencillo muelle, así como unos cuantos embarcaderos y rompeolas hechos de piedras apiladas. Ese fue, con toda probabilidad, el escenario donde Jesús impartió su ministerio. Pues bien, con la ayuda de un dique y unas bombas los arqueólogos de la dirección de antigüedades de Israel reflotaron la sugestiva embarcación y la llevaron a la orilla. Medía alrededor de 2,5 metros de ancho por 7,8 metros de largo. Había sido despojada de los elementos que podían ser reutilizados y empujada mar adentro para ser hundida. Las vasijas y lámparas halladas en su interior, así como la datación de la madera mediante la prueba del radiocarbono permitieron concluir que era del siglo I. Se trata pues de una de las barcas de los tiempos de Jesús, del tipo utilizado habitualmente para la pesca o para cruzar el lago. La imaginación se dispara con facilidad imaginando a bordo a trece personas. Actualmente se la conoce como la "Barca de Jesús".[28]

**Santo sudario de Turín.** De las numerosas reliquias relacionadas con Jesús, la más intrigante es una pieza de lino de 4,36 metros de largo por 1,10 metros de ancho. Se trata de la llamada "Sábana santa" o el "Santo sudario de Turín", y según la tradición sirvió de mortaja al cuerpo de Jesús crucificado. En el lienzo es visible una figura frontal y dorsal de un hombre desnudo a tamaño natural con claras evidencias de haber sido torturado y crucificado. La reliquia, guardada actualmente en la catedral de Turín, es venerada desde el año 1.350. Por esas fechas fue donada a la *colegiata* de Lirey, en París, por parte del caballero Godofredo de Charny. Pese a que las pruebas de datación efectuadas en la década de los 80 concluyeron que el lienzo era medieval entre los años 1.260 y 1.390. Numerosos hombres de ciencia han demostrado que la prueba del carbono 14 a pesar de ser correcta la datación, se falló al tomar una muestra de unos de los extremos del manto que había sido agregado para la fecha que indicaba el carbono 14. Esta tela fue añadida para reparar daños sufridos por el manto de Turín a raíz de un incendio en la catedral donde se encontraba; y que, en consecuencia, el lienzo es mucho más antiguo. De entrada, nadie ha podido responder satisfactoriamente cómo se formó la imagen. Ésta aparece en negativo sobre la tela mucho antes de que se conociera la fotografía. Nadie ha hallado restos de pintura o pigmentos por lo que sigue siendo un misterio cómo se formó. Sometido a un análisis por computador la imagen resultante posee volumen, tres dimensiones. Las heridas que muestra coinciden totalmente con los evangelios y lo que es más sorprendente con detalles anatómicos y forenses que sólo hoy podían ser detectados. Los especialistas han determinado que la tela fue tejida según las técnicas propias del siglo I. También han sido hallados esporas y polen de la Palestina contemporánea a Jesús. Por si todo esto fuera poco, el Centro español de sindonología (estudio de la sabana), ha conseguido relacionar científicamente la prenda con otra reliquia custodiada en Oviedo. El Santo sudario o Pañolón que muestra en una superficie de 85,5 por 52,6 centímetros numerosas manchas de sangre. Estudios recientes demuestran que ambas prendas estuvieron en contacto con el mismo cuerpo (hay un 80% de manchas coincidentes con la sábana santa). A la luz de todos estos datos, resulta evidente que no es posible separar a los evangelios de la historia, ni separar a Cristo de la historia. En realidad, los evangelios son historia, y el Cristo histórico es el Cristo de los evangelios, no sólo con sus elementos de humanidad sino también con sus elementos de divinidad y milagros.

**Evidencias de la crucifixión.** Siempre se había creído que los cadáveres de los crucificados eran arrojados a una fosa común con el propósito de ser devorados por los animales o quemados en el valle de Hinóm en Jerusalén. Se pensaba que Jesús había sido una excepción ya que se permitió su sepultura por la intervención del sacerdote José de Arimatea (Mateo 27:58; Lucas 23:52; Juan 19:38). Pues bien, en junio de 1.968, se descubrieron los restos óseos de un hombre crucificado y torturado severamente en una cueva funeraria al norte de Jerusalén, en la zona de Givat Hamivtar. Era sin duda un hallazgo excepcional ya que, aunque los romanos torturaron y crucificaron a millares de presuntos delincuentes, nunca habían sido hallados los restos de ningún condenado. Hasta 1.986. En ese año en un sepulcro excavado en la roca, fueron halladas cinco urnas-osario del siglo I. Una de ellas contenía los restos de dos hombres adultos y los de un niño. Uno de ellos, el de un hombre de 1,63 metros de estatura y entre 25 y 30 años de edad tenía su talón derecho atravesado por un clavo de once centímetros de longitud. En su cabeza seguía enganchada una tablita de madera de olivo. Al ajusticiado se le habían abierto las piernas y habían sido sujetadas a los lados del palo vertical de la cruz. La tablita, entonces, había sido clavada en la parte exterior del talón para que no pudiera sacar el pie por la cabeza del clavo. Ni los antebrazos ni el metacarpo presentaban evidencias de trauma violento por lo que los investigadores supusieron que la víctima fue atada a los brazos de la cruz, en lugar de ser clavado al crucero. Tampoco presentaba sus piernas quebradas, una práctica común para acelerar la muerte del crucificado. Sin embargo, no se trataba de Jesús pues en una pared de la arqueta-osario se hallaba inscrito el nombre del difunto: Yehochanan, hoy conocido como el crucificado de Givat Hamivtar. ¿Por qué se permitió el entierro? Gidon Avni, director de excavaciones e investigación del departamento de antigüedades de Israel declaró al respecto que "Yehochanan perteneció probablemente a una familia influyente, que intercedió junto las autoridades para su sepultura".[29]

Las "evidencias arqueológicas" han corroborado cada una de las palabras de las Santas Escrituras.

Todas las "evidencias científicas, bibliográficas y arqueológicas" señalan sin ninguna duda que la Biblia es compatible con la ciencia, es verídica en su contenido, ya que los hallazgos arqueológicos y bibliográficos así lo muestran.

Parte III

# Quiénes escribieron la Biblia

## Dios se revela

La Biblia fue escrita por unos cuarenta escritores. Entre estos escritores hubo una gran diversidad de ellos tales como reyes, profetas, pescadores, pastores entre muchos otros.

Humanamente hablando la Biblia fue escrita por aproximadamente 40 hombres de diversas procedencias, a través de un período de 1.600 años. Isaías fue un profeta, Esdras fue un sacerdote, Mateo fue un cobrador de impuestos, Juan fue un pescador, Pablo fue un fabricante de tiendas y rabino, Moisés fue un pastor. A pesar de haber sido escrita por diferentes autores a través de 16 siglos, la Biblia no se contradice a sí misma, tampoco contiene error alguno. Todos los autores presentan diferentes perspectivas, pero todos ellos proclaman al mismo único y verdadero Dios, y el mismo único camino para la salvación, Jesucristo (Juan 14:6; Hechos 4:12).

Los autores bíblicos a pesar de ser de orígenes tan diferentes tales como reyes, pastores, pescadores entre otros, con fidelidad anunciaron todo el mensaje de Dios sin agregar ni quitar nada (Proverbios 30:6; Apocalipsis 22:18-19). Dios usó las personalidades individuales, sus vocabularios, los estilos literarios y deseos conscientes de los autores bíblicos para producir su Palabra. Por lo tanto, si bien se originaron completamente de Dios, las palabras de las Escrituras también son humanas y escritas en idiomas particulares (hebreo, griego, arameo), expresadas en formas literarias humanas determinadas que incluyen la narrativa (1 y 2 Samuel), la poesía (Salmos y las Parábolas), los Evangelios, así como la metáfora (Juan 15:1-8), la alegoría (Gálatas 4:21-5:1), e hipérbole (Salmo 6:6; Lucas 14:26). No obstante, el producto final es exactamente como Dios lo ordenó y en su providencia lo determinó: la Palabra de Dios con autoridad divina, infalible y exenta de error; porque la Escritura "no puede ser quebrantada" (Juan 10:35), y "ni una letra ni una tilde de la ley desaparecerán" (Mateo 5:18). Es "la verdad" (Juan 17:17) que viene de aquel que se nos dice que "es imposible que Dios mienta" (Hebreos 6:18). En resumidas cuentas, todo lo que afirma está exento de error, no solo en lo que respecta a asuntos espirituales sino también a cuestiones de ciencia (Génesis 1:1-3; Job 26:7) y de historia (Mateo 12:40-42; 24:37). En suma, los escritores bíblicos fueron seres humanos a quienes Dios eligió para ser sus voceros mediante el uso de lenguas humanas y formas literarias.

La única parte de la Biblia que no fue inspirada por Dios se encuentra en el libro de Éxodo. En Éxodo 31:18 dice: "*Y dio a Moisés, cuando acabó de hablar con él en el monte de Sinaí, dos tablas del testimonio, tablas de piedra escritas con el dedo de Dios*". Dios escribió los diez mandamientos, no inspiró a nadie.

El Espíritu Santo fue el responsable de dirigir a los diferentes autores de la Biblia (Timoteo 3:16; 2 Pedro 1:21).

La Biblia dice noventa y dos veces "Escrito está…". Esto significa que Dios utilizó un hombre para escribir algo que ahora debe ser entendido como la Palabra de Dios.

La Palabra de Dios es santa. En Mateo 4:4 Jesús dice: "… *Escrito está: No solo de pan vivirá el hombre, sino de toda palabra que sale de la boca de Dios*". Aquí Jesús quiere decir, que todo lo que dice Dios en la Biblia es para nuestra salvación.

La Biblia dice más de tres mil veces "Así dijo (Yahveh-Jehová)". Esto significa: "Esta es la palabra santa de Dios".

# AUTORES

El siguiente cuadro te da una idea de quienes fueron los autores inspirados por Dios para escribir la Biblia. Las siguientes fechas no son siempre exactas, pero sirven para aproximar las Escrituras. Pocos libros de la Biblia nombran específicamente a su autor. Estos son los libros de la Biblia, junto con el nombre de quien la mayoría de los eruditos bíblicos asumen que es el autor, así como la fecha aproximada de su autoría.

- Génesis, Éxodo, Levítico, Números, Deuteronomio (Moisés 1400 a.C.)
- Josué (Josué 1350 a.C.)
- Jueces, Rut, 1 Samuel, 2 Samuel (Samuel/Natán/Gad 1000-900 a.C.)
- 1 Reyes, 2 Reyes (Jeremías 600 a.C.)
- 1 Crónicas, 2 Crónicas, Esdras, Nehemías (Esdras 450 a.C.)
- Ester (Mardoqueo 400 a.C.)
- Job (Moisés 1400 a.C.)
- Salmos (diferentes autores, principalmente David 1000-400 a.C.)
- Proverbios, Eclesiastés, Cantares (Salomón 900 a.C.)
- Isaías (Isaías 700 a.C.)
- Jeremías, Lamentaciones (Jeremías 600 a.C.)
- Ezequiel (Ezequiel 550 a.C.)
- Daniel (Daniel 550 a.C.)

- Oseas (Oseas 750 a.C.)
- Joel (Joel 850 a.C.)
- Amós (Amós 750 a.C.)
- Abdías (Abdías 600 a.C.)
- Jonás (Jonás 700 a.C.)
- Miqueas (Miqueas 700 a.C.)
- Nahúm (Nahúm 650 a.C.)
- Habacuc (Habacuc 600 a.C.)
- Sofonías (Sofonías 650 a.C.)
- Ageo (Ageo 520 a.C.)
- Zacarías (Zacarías 500 a.C.)
- Malaquías (Malaquías 430 a.C.)
- Mateo (Mateo 55 d.C.)
- Marcos (Marcos 50 d.C.)
- Lucas (Lucas 60 d.C.)
- Juan (Juan 90 d.C.)
- Hechos (Lucas 65 d.C.)
- Romanos, 1 Corintios, 2, Corintios, Gálatas, Efesios, Filipenses, Colosenses, 1 Tesalonicenses, 2 Tesalonicenses, 1 Timoteo, 2 Timoteo, Tito, Filemón (Pablo 50-70 d.C.)
- Hebreos (desconocido, principales posibles son Pablo, Lucas, Bernabé, o Apolos 65 d.C.)
- Santiago el Menor (Santiago 45 d.C.)
- 1 Pedro, 2 Pedro (Pedro 60 d.C.)
- 1 Juan, 2 Juan, 3 Juan (Juan 90 d.C.)
- udas (Judas 60 d.C.)
- Apocalipsis (Juan 90 d.C.)

Antes de Cristo hubo dos versiones del canon del Antiguo Testamento: una corta (la de los judíos palestinenses) y una larga (la de los judíos alejandrinos y helenistas). La versión larga incluía siete libros más que la corta: Tobías, Judit, Baruc, Eclesiástico, Sabiduría, 1 Macabeos y 2 Macabeos. También incluía algunas adiciones a los libros de Ester y Daniel. Hay indicios de que los judíos palestinenses también apreciaban y usaban esos libros, aunque no los admitían como canónicos. Después de Cristo los judíos, al cabo de un cierto proceso, abandonaron el canon alejandrino y mantuvieron sólo el canon palestinense, el mismo de la Biblia hebrea actual. Sin embargo, la iglesia primitiva utilizó sobre todo la *Biblia de los LXX* o *Septuaginta*, la más antigua versión del Antiguo Testamento en griego (compuesta en Alejandría en los siglos III, II y I antes de Cristo), que incluía los siete libros enumerados. Estos siete libros son incluidos en el Antiguo Testamento por la iglesia católica.

Autor y fecha aproximada:

- Tobías (autor desconocido 200 a.C.)
- Judit (autor desconocido 150 a.C.)
- Baruc (Baruc 600 a.C.)
- Eclesiástico (Ben Sira 190 a.C.)
- Sabiduría (autor desconocido 80 a.C.)
- Macabeos 1 (autor desconocido 100 a.C.)
- Macabeos 2 (autor desconocido 160 a.C.)

Las copias originales de la Biblia tienen contadas las letras de cada libro. Las personas encargadas de transcribir las palabras de Dios lo hicieron en rollos, generalmente hechos de piel de animal o de papiros que eran de fibra vegetal. Los documentos originales se llamaban "autógrafos". Cuando escribieron el texto hebreo utilizaron todo tipo de seguridad imaginable para la época, sin importar lo incómodo o laborioso que fuera, con el fin de asegurar una transmisión exacta del texto. Una práctica común era que el número de letras de un libro era contado y se señalaba la letra que marcaba la mitad de ese pergamino o papiro. Lo mismo se hacía con las palabras y nuevamente se anotaba la palabra que quedaba justo a la mitad.

La Biblia en sí es un ¡milagro! Un erudito de la Biblia dijo: "Consideremos por un momento el milagro puro de la Biblia. ¡Fue escrita por más de cuarenta autores durante un período de más de setenta generaciones (alrededor de 1.600 años)! Estos autores venían de distintos trasfondos, reyes, pastores de ovejas, soldados, pescadores, poetas, estadistas, eruditos, sacerdotes y profetas. Los escritores escribieron en los continentes de Asia, África y Europa; en hebreo, griego y arameo. Sin embargo, (la Biblia) logra presentar un drama de redención en desarrollo. ¿Cómo es posible que la Biblia pudiera haber sido escrita de la manera más compleja y contraproducente imaginable y todavía lograr encajar con tanta exactitud?".[30]

Parte IV

# Naturaleza profética de la Biblia

## Profecías cumplidas

En la Biblia el veinticinco por ciento de su contenido es de naturaleza predictiva o profética, de los cerca de 23,000 versículos de las Escrituras Hebreas o el llamado Antiguo Testamento, 6.641 contienen información profética acerca del futuro (29%); en el llamado Nuevo Testamento existen 7.914 versículos, de los cuales 1.711 contienen información profética (22%). Lo que significa que alrededor de 31.000 versículos de toda la Biblia, 8.352 contienen profecía (27%). En resumen: cerca del 25% de la Biblia es profética.

La Biblia es el único libro religioso del mundo que contiene miles de profecías detalladas, y registra el cumplimiento de las mismas. Solamente el Antiguo Testamento tiene más de dos mil profecías cumplidas.[31]

Cada una de las profecías de la Biblia en las que se habla de sucesos políticos, religiosos, intelectuales y geográficos ¡se han cumplido hasta en el detalle más pequeño! Aquí algunos ejemplos de profecías cumplidas:

- En el año 855 a.C. el profeta Elías predice que Jezabel sería devorado por los perros después de su muerte en

Jezreel (1 Reyes 21:23). Esta profecía se cumplió en el año 841 a.C., cuando Jezabel es asesinado en Jezreel y los perros comen su cuerpo (2 Reyes 9:36).

- En el año 760 a. C. el profeta Amós predice que Israel sería restaurada como nación y nunca volvería a ser desarraigado de nuevo (Amós 9:15). Esta profecía se cumplió en el año de 1948 cuando Israel nace nuevamente como nación independiente.
- En el año 732 a.C. el profeta Isaías predice que el imperio Medo-Persa conquistaría a Babilonia (Isaías 13:17-18) y Babilonia se convertiría en un territorio estéril. Esta profecía se cumplió en el año 538 a.C., cuando el imperio Medo-Persa se hizo cargo de Babilonia y en el año 275 a.C., cuando los seléucidas forzaron a sus habitantes a abandonar la ciudad.
- En el año 732 a.C., el profeta Isaías dice que Egipto y Etiopía serían conquistados por Asiria (Isaías 20:3-5). Esta profecía se cumplió entre los años 673-670 a.C., cuando Asiria conquista las naciones del noreste de África.
- En el año 701 a.C. el profeta Isaías le dice al rey Ezequías que Israel será llevado cautivo por el imperio de Babilonia (Isaías 39). Esta profecía se cumplió entre los años 597 y 586 a.C., cuando Judá o reino del sur es dominada por Babilonia, tomados sus habitantes y llevados a Babilonia. Es destruido parcialmente el templo de Jerusalén y derribado completamente diez años después.
- En el año 589 a.C. el profeta Ezequiel habla de cómo la gran ciudad de Tiro en la antigua Fenicia (Líbano actual), sería atacada por muchas naciones hasta su caída final (Ezequiel 26,27). Esta profecía se cumple en las varias oportunidades que fue atacada por diferentes naciones. Entre los años 586-573 a.C. Nabucodonosor, rey de Babilonia,

establece un asedio de 13 años contra la ciudad hasta que cayó. En el año 539 a.C. la conquistaron los persas, en el 370 a.C. un rey de Chipre conquista nuevamente la ciudad. En el año 332 a.C. Alejandro Magno conquista la ciudad masacrando sus habitantes. En el 315-316 a.C. Antígono, quien sirvió bajo las órdenes de Alejandro Magno, la ataca y conquista nuevamente. En el año 1.124 d.C. la ciudad cae en mano de los cruzados. En el 1.291 d.C., corresponde a los ejércitos musulmanes de los mamelucos.

- Otro ejemplo de las profecías cumplidas la podemos ver en la interpretación que Dios dio al profeta Daniel en Daniel 2:19 con respecto al sueño del rey Nabucodonosor del imperio babilónico (Daniel 2:24:25), este sueño del rey representaba los cuatro reinos que como poderes mundiales dominarían el mundo antiguo conocido. Reconocemos estos imperios como el babilónico, el medo persa, el griego y el romano.

| Parte | Material | Imperio | Período dominación |
|---|---|---|---|
| Cabeza | Oro | Babilónico | 606-539 a.C. |
| Pecho y brazos | Plata | Medo-Persa | 539-331 a.C. |
| Vientre y muslos | Bronce | Griego | 331-146 a.C. |
| Piernas y pies | Hierro y barro cocido | Romano | 146-476 C. |

- En el año 430 a.C. el profeta Malaquías profetiza que el nombre de (Yahveh-Jehová) sería honrado por los gentiles (no judíos) (Malaquías 1:11). Desde el siglo I hasta la actualidad un tercio de la población actual (33%) ha confesado que Jesús es el hijo de Dios Padre.
- En el año 30 d.C. el mismo Jesús les predijo a sus discípulos que serían perseguidos y odiados por la mayoría de la gente en la tierra por causa de Su nombre (Mateo 24:9). Desde el siglo I hasta nuestros días, millones de

verdaderos cristianos del mundo entero han sido maltratados o asesinados por la fe en Dios, en su único Hijo y por predicar el evangelio.

# Profecías mesiánicas

En el Antiguo Testamento existen más de setenta profecías mesiánicas mayores que hablan de la venida del Mesías y todas se cumplieron.

En el Antiguo Testamento existen más de dos cientos setenta profecías mesiánicas menores que hablan de la venida del Mesías y todas se cumplieron.

Es prácticamente imposible que todas las profecías del Antiguo Testamento se cumplieran en un solo hombre. El Dr. Peter W Stoner (*Chairman of the Departments of Mathematics and Astronomy at Pasadena City College until* 1.953; *Chairman of the science division, Westmont College*, 1.953-57; *Professor Emeritus of Science, Westmont College*; Professor *Emeritus of Mathematics and Astronomy, Pasadena City College*) y Robert Newman (*Ph.D. in Astrophysics, Cornell University*, 1.967; *S.T.M., Biblical School of Theology*, 1.972; *Associate Professor of Physics and Mathematics, Shelton College*, 1.968-71; Associate professor of New Testament, Biblical School of Theology, 1.971), realizaron cálculos a fin de analizar esa probabilidad. En su estudio el científico Stoner dice: "Mediante la aplicación de la ciencia de la probabilidad si tomamos tan solo ocho profecías mesiánicas del Antiguo Testamento con respecto a Jesús, encontramos que la posibilidad de que algún hombre pueda haber vivido hasta el presente tiempo y cumplido las ocho profecías, es de una en diez a la diez y siete potencias (1 en 10 a la 17 potencia). Esa es una en 100.000.000.000.000.000 de billón, de billón, de billón, de billón, de billón, de billón, de billón; es decir, imposible que alguien cumpliera las profecías del Antiguo Testamento; sin embargo, Jesucristo y solo Jesucristo logró hacerlo".[32]

Para que se cumplan tan solo cuatro profecías en una sola persona es algo más que imposible, equivaldría a cubrir al estado de Texas (692.300 $Kms^2$) en los Estados Unidos de América con sesenta centímetros de profundidad con monedas de veinticinco centavos de dólar, pintar una sola moneda de color rojo, revolver todas estas monedas y que una persona con los ojos vendados trate de localizar esta moneda pintada de rojo.[33]

En Jesucristo se cumplieron todas estas profecías descritas en el Antiguo Testamento.

## PROFECÍAS EN OTROS TEXTOS RELIGIOSOS

En ningún otro libro religioso encontrarás algún tipo de profecía y mucho menos que se haya cumplido, libros como el *Libro de Mormón*, *El Corán* de los musulmanes, *El Bhagavad Gita* de los hindúes, los escritos de Buda, de Confucio y de Lao-Tse entre otros, se encuentra ningún tipo de profecía.[34]

El único libro religioso que tiene una profecía es *El Corán*, tiene una profecía específica, cuando Mahoma predijo que el mismo regresaría a la Meca. Una profecía muy sencilla que podía cumplir el mismo.[35]

Parte V

# Profetas mayores y profetas menores

## Qué es un profeta

El término profeta proviene del lenguaje religioso y se refiere a una persona que sirve como intermediario entre la humanidad y la divinidad. Estrictamente hablando, un profeta es alguien que sostiene haber tenido una experiencia personal con Dios, recibiendo de Él la misión de comunicar sus revelaciones y, como consecuencia de ello, habla en su nombre a los seres humanos.

Los profetas recibían el mensaje de Dios de diversas maneras, algunos, por medio de sueños (Génesis 37:1,11), otros, tenían visiones (Daniel 7), y algunos, escuchaban una voz audible (1 Samuel 3) o una voz interior (Oseas 1; Joel 1), otros, recibían revelaciones de ángeles (Génesis 19:1,29), algunos, por medio de milagros (Éxodo 3), y otros, echando suertes (Proverbios 16:33). El sumo sacerdote usaba unas piedras preciosas, conocidas como "*urim* y el *tumim*" (Éxodo 28:30). A otros, Dios les habló a través de la naturaleza, mientras meditaban sobre su revelación (Salmo 8; 19:1,6). Por diversos medios, como lo expresa el autor de la carta a los Hebreos: "*Dios, habiendo hablado muchas veces y de muchas maneras en otro tiempo a los padres por los profetas*" (Hebreos 1:1).

A los profetas les estaba prohibido agregar ideas personales al mensaje de Dios. En Deuteronomio 4:2 Dios dijo: "*No añadiréis a la palabra que yo os mando, ni disminuiréis de ella, para que guardéis los mandamientos de (Yahveh-Jehová) vuestro Dios que yo ordeno*". Así se le ordenó a Jeremías. En Jeremías 26:2, Dios habla a través de su profeta: "*Así ha dicho (Yahveh-Jehová): Ponte en el atrio de la casa de (Yahveh-Jehová), y habla... todas las palabras que yo te mandé hablarles; no retengas palabra*".

En el Antiguo Testamento si alguien proclamaba hablar en el nombre de Dios y la profecía no se cumplía, la pena era morir lapidado (apedreado), así que los profetas cuando hablaban, se aseguraban de profetizar la Palabra de Dios y no las propias (Deuteronomio 13:5,9,10).[36]

¿Sabías que la naturaleza de un profeta bíblico era la garantía que no agregaría sus ideas al mensaje de Dios? En Éxodo 4:30 Aarón les dice a los ancianos de Israel: "*Y habló Aarón acerca de todas las cosas que (Yahveh-Jehová) había dicho a Moisés...*". Porque debía hablar "todo lo que el Señor le había dicho". En Deuteronomio 18:18 Dios le dice a Moisés: "*Profeta les levantaré de en medio de sus hermanos, como tú; y pondré mis palabras en su boca, y él les hablará todo lo que yo le mandaré*". En Amos 3:8 escribe: "*...Si habla (Yahveh-Jehová) el Señor, ¿quién no profetizará?*". Es decir, que un profeta era alguien que decía lo que Dios le ordenaba, ni más ni menos. La naturaleza misma de un profeta exigía que la escritura profética fuera exactamente lo que Dios quería decir a la humanidad. Y dado que la Biblia se presenta como tal de principio a fin (Mateo 5:17-18; 2 Pedro 1:20,21; Apocalipsis 22:19), la Biblia debe ser considerada más que un libro de registro histórico, un libro de profetas inspirada por Dios. De hecho, en Zacarías 7:12 el profeta Zacarías declaró cuando escribió: "*y pusieron su corazón como diamante, para no oír la ley ni las palabras que (Yahveh-Jehová) de los ejércitos enviaba por su Espíritu, por medio de los profetas primeros; vino, por tanto, gran enojo de parte de (Yahveh-Jehová) de los ejércitos*".

En la Biblia los profetas están divididos en profetas mayores y profetas menores. Esta clasificación se basa por la mayor o menor extensión de los textos.

## PROFETAS MAYORES

Los profetas mayores son cinco:

- Isaías
- Jeremías (Lamentaciones también se le atribuye)
- Baruc
- Ezequiel
- Daniel

## PROFETAS MENORES

Los profetas menores son doce:

- Oseas
- Joel
- Amós
- Abdías
- Jonás
- Miqueas
- Nahúm
- Habacuc
- Sofonías
- Ageo
- Zacarías
- Malaquías

# PROFETAS ANTERIORES

Los judíos consideran como "profetas anteriores" a aquellos libros reconocidos por su interpretación inspirada o profética de la historia "narrada" en ellos. Los profetas anteriores son: Josué, Jueces, Primera de Samuel, Segunda de Samuel, Primera de Reyes y Segunda de Reyes.

# PROFETAS POSTERIORES

Los "profetas posteriores" son aquellos libros relacionados con los profetas que pusieron por "escrito" su mensaje. Los profetas posteriores son: Isaías, Jeremías, Ezequiel, Oseas, Joel, Amos, Abdías, Jonás, Miqueas, Nahúm, Habacuc, Sofonías, Ageo, Zacarías y Malaquías.

# DATOS DE LOS PROFETAS

Los 12 profetas menores juntos, escriben solo un capítulo más que el profeta mayor Isaías (66). Los 67 capítulos de los profetas menores constan de 1.050 versículos, mientras que los 52 capítulos del profeta mayor Jeremías contienen 1.346 versículos y los 66 capítulos del profeta mayor Isaías contienen 1.260 versículos.

Los profetas menores Ageo, Zacarías y Malaquías también se les conoce como "Profetas post-exílicos", esto debido a que profetizaron después del exilio a que fue sometido el pueblo de Israel en Babilonia (586 a.C.).

El profeta mayor Isaías anduvo descalzo y desnudo por tres años como señal y símbolo contra Egipto y Cus (actual Etiopia), (Isaías 20:3).

Algunos dicen que el libro de Isaías es la Biblia en miniatura. Esto debido a que el libro de Isaías tiene 66 capítulos, la Biblia 66 libros (versión protestante). El primer capítulo de Isaías comienza como Génesis, la desobediencia y el pecado del hombre. El capítulo 40 de Isaías profetiza sobre Juan el Bautista, y el libro número 40 de la Biblia es Mateo el cual habla de Juan el Bautista. El último capítulo de Isaías termina en el verso 22, el cual dice: "...como los cielos nuevos y la nueva tierra" al igual que Apocalipsis y el último verso de Isaías termina sobre la condenación del hombre impío, como Apocalipsis lo dice también.

Isaías profetizó durante 60 años aproximadamente entre los años 740-680 a.C. durante el reinado de cuatro monarcas del reino de Judá.

Dios tiene control del futuro. En Isaías 46:9-11 Dios dice a través de su profeta: "*Acordaos de las cosas pasadas desde los tiempos antiguos; porque yo soy Dios, y no hay otro Dios, y nada hay semejante a mí, que anuncio lo porvenir desde el principio, y desde la antigüedad lo que aún no era hecho; que digo: Mi consejo permanecerá, y haré todo lo que quiero... Yo hablé y lo haré venir; lo he pensado, y también lo haré*". Esto significa que Dios es único en el conocimiento y el control del futuro. Su firme propósito es realizar lo que se ha propuesto.

El profeta Isaías nos da una profecía detallada de la muerte del Mesías por crucifixión (Isaías 53).

El profeta Jeremías fue quien más denunció en la Biblia a los falsos profetas. Jeremías le dedica unos ochenta versículos en su libro para condenar a los falsos profetas (Jeremías 2:8; 5:30-31; 6:13-14; 8:10-11; 14:13-15), son algunos de los versículos donde el profeta Jeremías los denuncia.

El apóstol Mateo en el pasaje Mateo 27:9-10 cita al profeta Jeremías; pero la cita en verdad corresponde al profeta Zacarías 11:11-13. Esta discrepancia se resuelve cuando entendemos la organización del canon hebreo. Las *Escrituras Hebreas* estaban divididas en tres secciones: ley, escritos y profetas. Jeremías ocupaba el primer lugar en su orden de libros proféticos y, por lo tanto, los eruditos hebreos a menudo encontraban una vía rápida aceptable para referirse a toda la colección de escritos proféticos por el nombre del primer libro: "Jeremías".

El profeta Ezequiel emplea, por lo menos, 100 veces la expresión "Hijo del Hombre". El profeta Daniel también la emplea. Jesús se aplica a sí mismo este título 86 veces.

Dios siempre llamó al profeta Ezequiel "Hijo del Hombre" y jamás por su nombre (Ezequiel 1-48).

El profeta Oseas se casó con una prostituta porque Dios se lo ordenó (Oseas 1:2).

El profeta Jonás pasó tres días en el vientre de un gran pez (Jonás 1:17).

El último profeta del Antiguo Testamento antes de la llegada de Jesús fue Malaquías. Después del profeta Malaquías, hubo un período de 400 años entre el Antiguo Testamento y el Nuevo Testamento en el cual hubo una sequía profética hasta la aparición de Juan el Bautista anunciando la llegada del Mesías.

El mismo Jesús habla de donde vienen sus profecías, en Lucas 24:44 Jesús dice: "*...os hablé, estando aún con vosotros: que era necesario que se cumpliese todo lo que está escrito de mí en la ley de Moisés, en los profetas y en los salmos*".

# CUADRO DE LOS PROFETAS

| Profeta | Fecha | A quién | Exílio | Fecha | Citado enlibros NT |
|---|---|---|---|---|---|
| Isaías | 740-681 | Judá | Preexílico | 739-680 | 419 veces en 23 libros |
| Jeremías | 626-585 | Judá | Preexílico | 627-570 | 125 veces en 17 libros |
| Ezequiel | 593-571 | Babilonia | Exílicos | 593-570 | 141 veces en 15 libros |
| Daniel | 605-530 | Babilonia | Exílicos | 605-536 | 133 veces en 17 libros |
| Oseas | 755-715 | Israel | Preexílico | 755-710 | |
| Joel | 835-796 | Judá | Preexílico | 835-796 | |
| Amos | 765-750 | Israel | Preexílico | 763-755 | |
| Abdías | 848-841 | Edom | Preexílico | 850-840 | |
| Jonás | 780-750 | Nínive | Preexílico | 784-760 | |
| Miqueas | 740-690 | Judá | Preexílico | 735-710 | |
| Nahúm | 630-612 | Nínive | Preexílico | 650-630 | |
| Habacuc | 625 | Judá | Preexílico | 620-605 | |
| Sofonías | 621 | Judá | Preexílico | 635-625 | |
| Ageo | 520 | Judá | Postexílicos | 520-505 | |
| Zacarías | 520-480 | Judá | Postexílicos | 520-470 | |
| Malaquías | 440-430 | Judá | Postexílicos | 437-417 | |
| | | Judá:9 | Preexílicos:11 | | |
| | | Israel:3 | Exílicos:2 | | |
| | | Nínive:2 | Postexílicos:3 | | |
| | | Babilonia:2 | | | |
| Total: 16 | | Total: 16 | Total: 16 | | |

PARTE VI

# LA PALABRA "DIOS"

## SIGNIFICADO DE LA PALABRA "DIOS"

La palabra Dios proviene del latín *Deus*, en castellano es el nombre que se le da a un ser supremo omnipotente y personal en religiones teístas y en otras creencia religiosas.

La palabra "teísmo" proviene del griego *theós* que significa "Dios", se entiende generalmente como la creencia en deidades, o la creencia en un creador del universo que está comprometido con su mantenimiento y gobierno (cosmogonía).

Para los cristianos, Dios es el creador del universo y el redentor de la humanidad. El mismo se ha revelado en hechos históricos nombrándose en la creación, en la historia de Israel y muy especialmente en la persona de su hijo Jesucristo. Hay un solo Dios (Deuteronomio 6:4); No hay otro (Isaías 45:5); Porque Dios es espíritu (Juan 4:24).

## SIGNIFICADO DE *YHWH*

Los hebreos en la antigüedad no tenían vocales en su escritura, el nombre de Dios es representado en la Biblia, en Éxodo 3:15, con un conjunto de cuatro consonantes *YHWH*.

Después del año 597 a.C. (durante la cautividad en Babilonia), se dejó de pronunciar este nombre, *YHWH*, para evitar que fuera conocido y profanado por los paganos. Durante la lectura, cuando se encontraba este nombre, se hacía un silencio antes de continuar. Después se usó *Adonay* que significa "el Señor". Los samaritanos, quienes se habían separado de Judea (Reino del Sur) unos tres siglos y medio antes de la cautividad de Babilonia, comenzaron a pronunciarlo *YaHoVah*.

La mayoría de los eruditos modernos opinan que lo correcto es *YHWH*, nombre que también reconocen teólogos modernos hebreos. "Jehová" es un término originado de la unión de *YHWH* y *Adona* o *Edonay* que significa "el Señor". Durante muchos siglos (unos 500 años antes de Jesucristo), los judíos pronunciaban en lugar de *Yahwéh*, la palabra *Adonay* que significa "el Señor", ya que ellos consideraban que el nombre de Dios era sagrado y no debía ser pronunciado por boca humana ni permitir que los paganos lo pronunciasen. Con el paso de los años algunos de los estudiosos hicieron algo muy curioso. Como la palabra *YHWH* no tiene letras vocales y sería muy difícil de pronunciar, se tomaron las consonantes del nombre bíblico de Dios y las vocales de *Adonay*: *YHWH* + *AdOnAy*, de donde salió *YAHOWAH* (Jehovah). Como se observa, el nombre de "Jehovah" es una combinación de letras de *YHWH* + *AdOnAy*. Por ello fue creada esta interpretación: formada por las cuatro consonantes hebreas: Y (*iod*), H (*hei*), V (*vav*) y H (*hei*) que se la denomina también *Tetragrámaton*, que en griego significa "cuatro letras".

La combinación de esas cuatro letras o tetragrama (que además es una conjugación de un verbo en hebreo) permitía evadir el problema de cómo leerlo correctamente para no confundirlo con su raíz verbal *hayah* o *hawah*. La mayoría de los eruditos hacen notar que este verbo hebreo *hayah*, que significa "venir a ser, llegar a ser, resultar ser", no designa una mera existencia sino una presencia viva y activa, y que por lo tanto, su conjugación, es decir, el *Tetragrámaton* significaría: "Yo llegaré a ser por mí mismo" o "Yo estoy siendo el que existe por sí mismo". En tal caso, la divinidad que hizo la promesa respecto a la descendencia de Abraham es el Dios que es y que sigue siendo.

La primera vez que Dios le revela a Moisés su nombre personal ocurre en Éxodo 3:14-15. En Éxodo 3:14-15 dice: "*Y respondió Dios a Moisés: YO SOY EL QUE SOY. Y dijo: Así dirás a los hijos de Israel: YO SOY me envió a vosotros. Además dijo Dios a Moisés: Así dirás a los hijos de Israel: Jehová (YHVH), el Dios de vuestros padres, el Dios de Abraham, Dios de Isaac y Dios de Jacob, me ha enviado a vosotros. Este es mi nombre para siempre; con él se me recordará por todos los siglos*".

## NOMBRES DE DIOS EN LA BIBLIA

Dios recibe muchos nombres en la Biblia. A saber:

1. *ADONAI*, que significa "EL SEÑOR, MI GRAN SEÑOR". Aplicación: Dios es el amo y Señor majestuoso. Dios es nuestra autoridad plena. (Salmo 8; Isaías 40:3-5; Ezequiel 16:8; Habacuc 3:19). El plural *Adonai* deriva del singular *Adon* (Señor). Este término se expresaba para reemplazar a *YHWH* que se consideraba demasiado sagrado como para ser pronunciado.
2. Él, que significa "EL FUERTE". Aplicación: Él es más poderoso que cualquier dios falso. Dios vencerá todos los obstáculos. Nosotros podemos depender de Dios. (Éxodo 15:2; Números 23:22; Deuteronomio 7:9; Marcos 15:34). Aparece más de 200 veces en el Antiguo Testamento (incluyendo las formas compuestas). Nombre semítico genérico para Dios, utilizado por otras culturas

para referirse a sus deidades. El se emplea en nombres propios compuestos tales como Isra-el (el que lucha con Dios), Bet-el (casa de Dios), y El-iseo (Dios es salvación).

3. *EL ELOHE ISRAEL*, que significa "DIOS EL DIOS DE ISRAEL". Aplicación: El Dios de Israel es totalmente distinto de todos los dioses falsos y es único; nadie es como Él. (Génesis 33:20; Éxodo 5:1; Salmo 68:8; Salmo 106:48). Es el nombre del altar que Jacob (Israel) erigió después de su enfrentamiento con Dios y de la bendición de Dios sobre él (Génesis 32:24-30; 33:19-20).
4. EL ELYÓN, que significa "EL DIOS ALTÍSIMO". Aplicación: Él es el Dios soberano en quien podemos colocar nuestra confianza. El Elyón tiene supremacía sobre todos los Dioses falsos. (Génesis 14:17-22; Salmo 78:35; Daniel 4:34; Hechos 16:17). Melquisedec, el rey de Salem (Jeru "Salem") y sacerdote del Dios Altísimo, se refirió en dos oportunidades a Dios como El *Elyón* cuando bendijo a Abraham.
5. *ELOHIM*, que significa "EL CREADOR TODOPODEROSO". Aplicación: Dios es el creador todo poderoso del universo. Dios conoce todo, crea todas las cosas y está en todas partes en todo momento. Es el plural de "Él". (Génesis 1:1-3; Deuteronomio 10:17; Salmo 68; Marcos 13:19). Forma plural de Él. Este nombre generalmente se asocia a Dios en relación con su creación. Algunos utilizan la palabra plural *Elohim* como prueba de la Trinidad (Génesis 1:26). *Elohim* también se emplea para referirse a los dioses falsos e incluso a los jueces humanos (Salmo 82:6,7; Juan 10:34).
6. EL OLAM, que significa "EL DIOS ETERNO". Aplicación: Él es el Principio y Fin, el que lleva a cabo sus propósitos a través de las edades. Él da fuerzas al fatigado. (Génesis 21:33; Salmo 90:1,2; Isaías 40:28; Romanos

1:20). Jesucristo posee atributos eternos. Él es el mismo ayer, hoy y para siempre (Hebreos 13:8). Él obtuvo para nosotros la redención eterna (Hebreos 9:12).

7. EL-ROI, que significa "EL DIOS QUE ME VE". Aplicación: No existe ninguna circunstancia de nuestra vida que escape de su conocimiento y cuidado paternales. Dios nos conoce a nosotros y a nuestros problemas. (Génesis 16:11-14; Salmo 139-7-12). Agar llamó al Señor con este nombre junto al pozo de agua en el desierto. Dios conoce todos nuestros pensamientos y sentimientos. Jesús conocía los pensamientos de aquellos que lo rodeaban, lo que demostraba que Él es El-Roi (Mateo 22:18; 26:31,34; Lucas 5:21-24).
8. EL-SHADDAI, que significa "EL TODO SUFICIENTE, EL DIOS DE LAS MONTAÑAS, DIOS TODOPODEROSO". Aplicación: Dios es la fuente inagotable de toda bendición. Dios es Todopoderoso. Nuestros problemas no son demasiado grandes como para que Dios no los pueda manejar. (Génesis 17:1-3; 48:3; 49:25; 35:11; Salmo 90:2). Algunos eruditos sugieren que el Shaddai se refiere al poder de Dios manifestado en su juicio. Otros proponen que el Shaddai significa "Dios de las montañas". Dios se refiere a sí mismo como "El Shaddai" cuando confirma su pacto con Abraham.
9. EMANUEL, que significa "DIOS CON NOSOTROS". Aplicación: Jesús es Dios entre nosotros. En Él habita corporalmente toda la plenitud de la Deidad. (Isaías 7:14; 8:8-10; Mateo 1:23). Este nombre indica que Jesús es más que un hombre. Él también es Dios. Isaías dijo que el niño que iba a nacer de la virgen sería llamado "Emanuel" (Isaías 7:14; 9:3). Él es el resplandor de la gloria de Dios y la representación exacta de su naturaleza (Hebreos 1:3).

10. JEHOVÁ, que significa "YO SOY", el que es auto existente. Aplicación: Dios nunca cambia. Sus promesas nunca fallan. Cuando nosotros somos infieles, Él es fiel. Es necesario que le obedezcamos. (Éxodo 3:14; 6:2-4; 34:5-7; Salmo 102). Un traductor alemán del siglo XVI escribió el nombre *YHVH* utilizando las vocales de *Adonai* debido a que los textos judíos antiguos que estaba traduciendo tenían las vocales de *Adonai* debajo de las consonantes de *YHVH*. Al hacerlo ideó el nombre *YaHoVah*.
11. *YAHVEH JIREH* o JEHOVÁ *JIREH*, que significa "EL SEÑOR PROVEERÁ". Aplicación: Así como Dios proveyó un carnero como sustituto de Isaac, Él proveyó a su hijo Jesús como el sacrificio definitivo. Dios suplirá todas nuestras necesidades. (Génesis 22:13,14; Salmo 23; Marcos 10:45; Romanos 8:2).
12. *YAHVEH MEKADDESH* o JEHOVÁ *MEKADDESH*, que significa "EL SEÑOR QUE SANTIFICA". Aplicación: Dios aparta un pueblo escogido, santo para Dios, un real sacerdocio, un pueblo propio. Él limpia nuestro pecado y nos ayuda a madurar. (Éxodo 31:12-13; 1 Pedro 1:15-16; Hebreos 13:12; 1 Tesalonicenses 5:23-24).
13. *YAHVEH-NISSI* o JEHOVÁ-*NISSI*, que significa "EL SEÑOR ES MI BANDERA". Aplicación: Dios nos da la victoria contra la carne, contra el mundo y contra el diablo. Nuestras batallas son sus batallas de la luz contra las tinieblas y del bien contra el mal. (Éxodo 17:15-16; Deuteronomio 20:3-4; Isaías 11:10-12; Efesios 6:10-18).
14. *YAHVEH-RAFA* o JEHOVÁ-*RAFA*, que significa "EL SEÑOR SANA". Aplicación: Dios ha provisto en Jesucristo la sanidad definitiva para la enfermedad espiritual, física y emocional. Dios puede sanarnos. (Éxodo 15:25-27; Salmo 103:3; 147:3; 1 Pedro 2:24).

15. *YAHVEH-ROHI* o JEHOVÁ-*ROHI*, que significa "EL SEÑOR ES MI PASTOR". Aplicación: El Señor protege, provee, dirige, guía y cuida a su pueblo. Dios nos cuida tiernamente como un pastor poderoso y paciente. (Salmo 23:1-3; Isaías 53:6; Juan 10:14-18; Hebreos 13:20; Apocalipsis 7:17).

16. *YAHVEH-SABAOT* o JEHOVÁ-*SABAOT*, que significa "EL SEÑOR DE LOS EJÉRCITOS". Aplicación: El Señor de las huestes celestiales cumplirá siempre sus propósitos, aun cuando fracasen las huestes de su pueblo terrenal. (1 Samuel 1:3; 1 Samuel 17:45; Salmo 46:7, Malaquías 1:10-14; Romanos 9:29). Muchas versiones españolas de la Biblia traducen *Sabaot* por Todopoderoso. *Ra'ah*. Jesús es el buen pastor que puso su vida por todas las personas.

17. *YAHVEH-A-SHALOM* o JEHOVÁ-*SHALOM*, que significa "EL SEÑOR ES PAZ". Aplicación: Dios derrota a nuestros enemigos para darnos paz. Jesús es nuestro príncipe de paz. Dios da paz y armonía interior. (Números 6:22-27; Jueces 6:22-24; Isaías 9:6; Hebreos 13:20).

18. *YAHVEH-SHAMMAH* o JEHOVÁ-*SHAMMAH*, que significa "EL SEÑOR ESTA PRESENTE o EL SEÑOR ES MI COMPAÑERO". Aplicación: La presencia del Señor no está limitada o circunscripta al tabernáculo o al templo, sino que es accesible para todos los que lo aman y lo obedecen. (Ezequiel 48:35; Salmo 46; Mateo 28:20; Apocalipsis 21).

19. *YAHVEH-TSIDKENU* o JEHOVÁ-*TSIDKENU*, que significa "EL SEÑOR ES NUESTRA JUSTICIA". Aplicación: Jesús es el Rey que vendría del linaje de David, y es quien nos imparte su justicia. (Jeremías 23:5,6; 33:16; Ezequiel 36:26,27; 2 Corintios 5:21).

**20** *JAH*, que significa "YO SOY", el que es auto existente. Aplicación: Dios nunca cambia. Sus promesas nunca fallan. Cuando nosotros somos infieles, Él es fiel. Dios promete su presencia continua. (Éxodo 3:14; 15:2; Salmo 46:1; 68:4; Isaías 26:4). Forma abreviada de *Yahveh*. Se utiliza a menudo en combinación con otros nombres o frases. Aleluya significa "Alabanza a *Jah* (el Señor)"; Elías quiere decir "Dios es *Jah* (el Señor)"; y Josué significa "*Jah* (el Señor) es mi salvación".

# PARTE VII

# PATRIARCAS BÍBLICOS

El título "Patriarca" es dado a los hombres de destacado liderazgo y a los jefes de familia de los que el Antiguo Testamento nos da un relato biográfico, los cuales vivieron antes de Moisés. En el libro de Génesis nos da las líneas de descendencia desde Adán hasta los hijos de Jacob, siendo éstos los fundadores de las 12 tribus de Israel. La línea de Adán a Noé la forman nueve hombres, a quienes se les llama "patriarcas antediluvianos" porque vivieron antes del diluvio. Ellos son Set, hijo de Adán; Matusalén, la persona más longeva de la Biblia, y Lamec, padre de Noé. A los patriarcas que vivieron después del diluvio, descendientes de Noé, se les llama noáquidas o posdiluvianos. La Biblia enlista a estos últimos, pero habla poco de ellos hasta llegar a Abraham, quien vivió antes del segundo milenio de Cristo. Después, el libro de Génesis hace detallados relatos de la vida de Abraham y sus descendientes: su hijo Isaac; su nieto Jacob, sus bisnietos José, Judá y sus diez hermanos. El Señor eligió a Abraham para hacer su alianza, "para ser yo tu Dios y el de tu descendencia" (Génesis 17:7). Dios prometió a Abraham hacerlo "padre de una muchedumbre de pueblos" (Génesis 17:4) y que le daría a él y a su descendencia "toda la tierra de Canaán, en posesión perpetua" (Génesis 17:8). Al hacerlo patriarca de su pueblo, Dios le cambió el nombre de Abram (padre excelso) al de Abraham (padre del pueblo o padre de las multitudes).

# PATRIARCAS ANTEDILUVIANOS

Antes del diluvio universal. Los patriarcas antediluvianos corresponden a los personajes principales del libro de Génesis, que corresponde desde Adán, el primer hombre, y sus descendientes hasta Noé. A saber: Adán, Set, Anos, Cainan, Mahalaleel, Jared, Enoc, Matusalén, Lamec y Noé.

# PRINCIPALES PATRIARCAS POST DILUVIANOS

Después del diluvio universal. Abraham: Es la figura con la que se inicia el relato de la elección especial de un pueblo, Israel, entre otros pueblos cercanos y racialmente fraternos. Refleja la figura del peregrino o emigrante del Oriente. De su figura fundacional nacen los pueblos orientales que rodean a Israel. Es la cabeza de los pueblos abrahámicos: israelitas y edomitas, moabitas y amonitas, arameos e ismaelitas. (Génesis 11:27; 25:10). Su peregrinación desde Oriente, Ur unas veces (Génesis 12:17,31; 15:7) y Padán en otras referencias (Génesis 28:2-5; 48:7), se sitúa cronológicamente entre los años 1850 y 1750 a.C. Es considerado por los musulmanes, quienes le llaman Ibrahím, como antepasado de los árabes por la generación de Ismael, de su sierva Agar. (Génesis 16:11-16).

Isaac: Es el hijo gozoso (en hebreo, hará reír) que Dios concede a Abraham, ante la desconfiada sonrisa de su madre que escucha el anuncio divino de su nacimiento. Es la figura asociada siempre a la de Abraham, heredero de las promesas divinas (Génesis. 17:19-21,) como hijo de la esposa libre y hermano de Ismael, el hijo de la sierva.

Jacob: Es la figura patriarcal fundadora de las doce tribus de Israel, es decir del pueblo en sus diversos clanes y familias.

Los doce hijos que tiene Jacob se convierten en los patriarcas de estas doce tribus de Israel. A saber: Rubén, Simeón, Judá, Levi, Dan, Neftalí, Gad, Aser, Isacar, Zabulón, José y Benjamín.

La aparición de Abraham en la Biblia marcó un cambio definitivo en la relación de Dios con la humanidad, cuando la generación posterior a Noé comenzó a alejarse del Señor e intentó construir la torre de Babel (Génesis 11:1-9), Dios dejó de tratar con pueblos y naciones para llamar a un hombre por medio del cual levantaría una nueva nación, Israel. Esta nación sería el pueblo escogido de Dios. Hasta Génesis 17:5, Abraham fue conocido como Abram, un hombre proveniente de un lugar de adoración pagana. Según Josué 24:2 el padre de Abram, Taré, adoraba a otros dioses. Es interesante que Ur, la ciudad en la que Abraham vivía, probablemente se encontrara en lo que ahora corresponde el sur de Irak. En el río Éufrates, a casi diez kilómetros de Nasiriya (lugar de fuertes batallas durante la guerra de Irak en 2003), se han hallado inscripciones antiguas que contienen la palabra Ur. Siendo Ur una civilización muy avanzada, lo cual hace aún más notable el acto de fe de Abraham de dejarlo todo para obedecer el llamado de Dios.

Las religiones "abrahámicas" son aquellas que provienen del profeta Abraham, estas son la judía, la cristiana y la islámica.

Parte VIII

# Personajes longevos en la Biblia

El hombre más viejo mencionado en la Biblia es Matusalén, quien vivió 969 años (Génesis 5:27), con esta edad de 969 años, Matusalén ostenta el récord mundial de longevidad (Génesis 5:27).

El libro de Génesis nos habla de siete personas que superaron los 900 años de edad, ellos son los llamados patriarcas antediluvianos (antes del diluvio universal) quienes vivieron muchos años. Ellos son: Adán (primer hombre) quien vivió 930 años (Génesis 5:5), Set 912 años (Génesis 5:8), Enos 905 años (Génesis 5:11), Caínan 910 años (Génesis 5:14), Jared 962 años (Génesis 5:20), Matusalén 969 años (Génesis 5:27) y Noé 950 años (Génesis 9:29).

La Biblia también menciona a otros personajes del Antiguo Testamento que, a juzgar por lo que dura la gente de hoy, tuvieron vidas excepcionalmente largas de 300, 400 y hasta más de 800 años (Génesis 5:28-31; 11:10-25). Algunos personajes de la Biblia que vivieron muchos años:

- Mahalaleel 895 años (Génesis 5:17).
- Enoc 365 años (Génesis 5:23) (arrebatado desde lo alto).
- Lamec 777 años (Génesis 5:31).
- Sem 600 años (Génesis 11:10-11).
- Arfaxad 438 años (Génesis 11:12-13).
- Sala 433 años (Génesis 11:14-15).
- Heber 464 años (Génesis 11:16-17).
- Peleg 239 años (Génesis 11:18-19).
- Reu 239 años (Génesis 11:20-21).
- Serug 230 años (Génesis 11:22-23).
- Nacor 148 años (Génesis 11:24-25).
- Tare 205 años (Génesis 11:32).
- Sara 127 años (Génesis 23:1).
- Abraham 175 años (Génesis 25:7).
- Ismael 137 años (Génesis 25:17).
- Isaac 180 años (Génesis 35:28).
- Jacob/Israel 147 años (Génesis 47:28).
- Jos' 110 años (Génesis 50:22).
- Leví 137 años (Éxodo 6:16).
- Coat 133 años (Éxodo 6:18).
- Amram 137 años (Éxodo 6:20).
- Aarón 123 años (Números 33:39).
- Moisés 120 años (Deuteronomio 34:7).
- Elí 98 años (1 Samuel 4:15, 18).
- Joiada 130 años (2 Crónicas 24:15).
- Josué 110 años (Josué 24:29).

Hay personas que sostienen que en aquellos días se medía el tiempo de forma diferente y que lo que la Biblia llama años eran en realidad meses, pero el libro de Génesis establece claramente que el cómputo utilizado entonces era, en esencia, el mismo que usamos hoy. Examinemos dos argumentos que apoyan esta afirmación. Primero, el relato nos dice que el Diluvio comenzó "en el año seiscientos de la vida de Noé, en el segundo mes, en el día diecisiete del mes". Más adelante explica que las aguas anegaron la Tierra por "ciento cincuenta días" y que "en el séptimo mes, en el día diecisiete del mes, el arca llegó a descansar sobre las montañas de Ararat" (Génesis 7:11,24; 8:4). Como hemos visto, los ciento cincuenta días que aquí se mencionan equivalen a cinco meses (desde el 17 del segundo mes hasta el 17 del séptimo mes). Está claro, pues, que los meses de Génesis tenían treinta días cada uno. Segundo, analicemos ahora el segundo argumento. Génesis 5:15-18 nos dice que Mahalalel tuvo un hijo a los 65 años de edad y que luego vivió ochocientos treinta años más. Su nieto Enoc también engendró un hijo a los 65 (Génesis 5:21). Hagamos cuentas. A un mes por año, estos hombres habrían sido padres con tan solo cinco años de edad. Y, por supuesto, eso no tiene ningún sentido.

No es de extrañar que estos primeros patriarcas alcanzaran tanta edad, se ha demostrado una y otra vez que lo que dice la Biblia es exacto desde el punto de vista histórico, científico y cronológico. Y no deberíamos esperar menos de un libro que señala lo siguiente sobre su autor "Dios siempre dice la verdad, aunque todos los hombres sean mentirosos" (Romanos 3:4). En efecto, el hecho de que la Biblia sea "inspirada de Dios" garantiza su veracidad (2 Timoteo 3:16). Los científicos han logrado estudiar más a fondo el maravilloso diseño del cuerpo y su extraordinaria capacidad para regenerarse. ¿Y qué han concluido? Que debería durar para siempre. Por eso, el profesor de Medicina sudafricano Tom Kirkwood comentó: "El envejecimiento continúa siendo uno de los grandes misterios de las ciencias médicas". Sin embargo, para Dios, el envejecimiento no es ni un misterio ni un problema sin solución. Existen diversas teorías sobre esta longevidad de nuestros primeros patriarcas tales como estaban cerca de la línea genética de Adán y Eva y que su salud era excelente para que pudieran vivir tanto tiempo, otra es que Dios al ver tanta maldad, redujo drásticamente el tiempo de vida, esto debido a que después del diluvio universal, el tiempo de vida fue reducido drásticamente, tal vez Dios les daría una longevidad extraordinaria a estos primeros patriarcas, para establecer las "bases espirituales de la humanidad". Pueden existir miles de teorías, pero jamás se debe poner en duda, la veracidad de la Biblia.

La Biblia menciona la edad que debemos vivir los hombres, en el Salmo 90:10 Dios dice "*Los días de nuestra edad son setenta años; y si en los más robustos son ochenta años, con todo, su fortaleza es molestia y trabajo; porque pronto pasan, y volamos*".

PARTE IX

# DATOS CURIOSOS DEL ANTIGUO TESTAMENTO

Dios es mencionado en sus diferentes nombres y acepciones más de 7.000 veces en la Biblia.

El autor que contribuyó con más libros en el Antiguo Testamento fue Moisés. Él escribió cinco libros incluidos en lo que se conoce como el Pentateuco. Ellos son: Génesis, Éxodo, Levítico, Números y Deuteronomio. Estos libros forman la base de la Biblia.

El libro más antiguo de la Biblia cronológicamente hablando no es Génesis, sino Job. Popularmente se considera que este libro fue escrito alrededor del año 3.500 a.C.

La Biblia protestante hay 1.189 capítulos, 929 del Antiguo Testamento y 260 del Nuevo Testamento y la Biblia católica tiene 1.326 capítulos, 1.066 en el Antiguo Testamento 260 en el Nuevo Testamento. La diferencia de capítulos en ambas Biblias se debe a que la católica tiene siete libros más en el Antiguo Testamento. Este tema se profundizará más adelante.

La Biblia contiene aproximadamente y dependiendo de la versión, unos 3.566.480 de letras, 773.693 palabras.

La Biblia protestante tiene 30.475 versículos y la católica 34.618.

El libro más corto de la Biblia es la tercera Carta del Apóstol Juan que tiene tan sólo 13 versículos.

El libro más extenso de la Biblia es el de Salmos, con ciento cincuenta salmos.

El Salmo más largo es el Salmo 119, está separado exactamente por 54 salmos antes y 54 salmos después.

El Salmo 119 es el capítulo más largo con 176 versículos.

El Salmo más corto es el Salmo 117.

El Salmo 14 y el Salmo 53, son casi iguales, el mensaje de ambos es idéntico, el Salmo 14 tiene 7 versículos y el Salmo 53 solamente 6.

El libro más extenso de los profetas es el del profeta Isaías, con 66 capítulos.

El versículo más corto de la Biblia y del Antiguo Testamento está en Éxodo 20:13, "*No matarás*". Este versículo contiene tan solo nueve letras.

El versículo más largo de la Biblia se encuentra en el libro de Ester (Ester 8:9).

El versículo que se encuentra en el centro de la Biblia es el Salmo 118:8.

El Salmo 136 todos sus versículos terminan con una misma palabra, "misericordia".

La Biblia contiene aproximadamente 3.573 promesas.

La palabra "Testamento" significa "Pacto, Convenio, Contrato".

La palabra "FE" proviene del latín *FIDES* que significa "*CREER*".

La palabra "FE" aparece aproximadamente 247 veces en la Biblia y solamente tres veces en el Antiguo Testamento, sin embargo, el hecho de que aparezca solo tres veces en el Antiguo Testamento no debe hacernos pensar que se le asignaba poca importancia, esto debido a que se expresa por medio de verbos como "creer", "confiar" o "tener esperanza", palabras que encontramos en una gran cantidad de veces.

La palabra "FE" como tal aparece en el Antiguo Testamento solamente tres veces. Aparece en Números 35:30; Isaías 57:11 y en Habacuc 2:4.

La palabra "amor" aparece unas 250 veces en la Biblia aproximadamente y dependiendo de la versión que se utilice.

La creencia de que la serpiente dio una manzana a Adán para probar del árbol del bien y del mal es totalmente falsa, en ninguna parte de Génesis se menciona fruta o manzana alguna (Génesis 2:9); Dios dice: "*Y (Yahveh-Jehová) Dios hizo nacer de la tierra todo árbol delicioso a la vista, y bueno para comer; también el árbol de vida en medio del huerto, y el árbol de la ciencia del bien y del mal*".

En el hebreo moderno, una manzana se llama *tapuaj*, en la Biblia, sin embargo, esta palabra se refiere a un árbol con un fruto perfumado, tal vez un albaricoque o un membrillo. Por lo tanto, cuando la Biblia dice: "*En el marco del Tapuaj te desperté*" (Cantares 8:5), una traducción correcta sería: "Debajo de un árbol con un fruto perfumado, te desperté". Sin embargo, en la mayoría de las traducciones inglesas de la Biblia encontramos, "*Bajo el manzano te desperté*". Esto lo observamos en la traducción en (Cantares 8:5), que dice: "*¿Quién es ésta que sube del desierto, recostada sobre su amado? Debajo de un manzano te desperté; allí tuvo tu madre dolores, allí tuvo dolores la que te dio a luz*". Por lo tanto, la tradición popular que cree que la manzana fue el fruto prohibido del Edén carece de fundamento bíblico.

Otra teoría de por qué la manzana fue la fruta de la discordia es debido a la palabra latina *malum*, probablemente la manzana entró en esta historia porque, durante siglos, muchos cristianos hablaban la lengua latina; ahora bien, en latín *malum* tiene dos significados ya que puede referirse al "mal" como a la "manzana". De ahí la posible unión o interpretación de una palabra con la otra.

De acuerdo a la historia en la Biblia sólo tres personas no fueron engendradas por la vía de concepción humana o por medio de relaciones íntimas, ellas fueron Adán, Eva y Jesús.

Las dos únicas personas que no tuvieron ombligos fueron Adán y Eva ya que fueron creados por Dios.

El nombre de Adán en hebreo significa "humanidad", y el nombre de Eva, "viviente", por cuanto ella era madre de todos los vivientes sobre la tierra (Génesis 3:20).

En el Antiguo Testamento Dios le cambiaba el nombre a las personas que llamaba, por ejemplo, a Abram se le cambió por Abraham, a Jacob por Israel, a Gedeón por Jeroball y así sucesivamente. A raíz de la llegada de Jesucristo, esta práctica quedó eliminada porque el Señor nos libró de todo pecado, algo que no existía en el Antiguo Testamento.

El primer nombre que Dios puso a una mujer no fue Eva, fue Sara la esposa del patriarca Abraham (Génesis 17:15), porque el nombre de Eva lo puso Adán (Génesis 3:20).

Sara la esposa de Abraham quien era estéril, tenía 90 años cuando recibió la promesa por parte de Dios de que tendría a su hijo Isaac (Génesis 17:17).

La esposa de Abraham, Sara, era estéril, la esposa de Isaac (hijo de Abraham) era estéril, ella era Rebeca, y la esposa de Jacob (hijo de Isaac) también fue estéril, su nombre Raquel.

Abraham tenía 86 años cuando nació su hijo Ismael (Génesis 16:16). Esto significa que Ismael era mayor a su medio hermano Isaac en 14 años.

En la Biblia existen dos hombres que nunca murieron, Enoc, quien caminó con Dios y fue un día llevado al cielo (Génesis 5:22-24); y Elías, quien fue llevado al cielo por un carro de fuego tirado por caballos de fuego (2 Reyes 2:11).

Noé tenía 600 años cuando comenzó el diluvio (Génesis 7:6).

Estuvo lloviendo por 40 días y sus respectivas noches durante el diluvio (Génesis 7:12).

Ciento cincuenta días prevalecieron las aguas sobre la tierra durante el diluvio universal (Génesis 7:24).

La significación del arcoíris de colores que vemos en el cielo después de llover es el pacto que estableció Dios con nosotros de que no habrá otro diluvio. En Génesis 9:11 Dios dice: "*Estableceré mi pacto con vosotros, y no exterminaré ya más toda carne con aguas de diluvio, ni habrá más diluvio para destruir la tierra*". En Génesis 9:13 Dios dice: "Mi arco he puesto en las nubes, el cual será por señal del pacto entre mí y la tierra".

La primera mujer que aparece en la Biblia que muere por un parto fue Raquel esposa del patriarca Jacob (Génesis 35:16-20).

Dios hace hablar a dos animales en la Biblia, la primera vez a la serpiente en Génesis 3:1-5; y la segunda vez cuando Dios hace hablar a una asna (Números 22:28).

La primera mención de un afeitado se hace en Génesis 41:13-15. En este pasaje se describe cómo José se vistió y se afeitó para ver al faraón.

El animal al que Dios privó de sabiduría e inteligencia fue al avestruz. En Job 39:13-17 dice: "*¿Diste tú hermosas alas al pavo real, o alas y plumas al avestruz? El cual desampara en la tierra sus huevos, y sobre el polvo los calienta, y olvida que el pie los puede pisar, y que puede quebrarlos la bestia del campo. Se endurece para con sus hijos, como si no fuesen suyos, no temiendo que su trabajo haya sido en vano; porque le privó Dios de sabiduría, y no le dio inteligencia*".

La Biblia nunca menciona al gato, esto es debido a que éste era un dios llamado *Bastet* adorado por la tradición religiosa de los egipcios.

La palabra "judío" originalmente significaba que "pertenecía", "se era originario o residente de la región de Judea", donde se encuentra Jerusalén y el Templo. Con el tiempo la palabra "judío" pasó a significar que se era miembro de la religión de Judea, como es mencionado en los últimos profetas y en el libro de Ester.

Los judíos también comenzaron a ser llamados "hebreos"; que significa "hijos de Israel".

Los israelitas fueron esclavos en Egipto por cuatrocientos treinta años (Éxodo 12:39-41).

Los hijos de Israel que salieron de Egipto fueron 603.550 hombres, sin contar mujeres y niños (Éxodo 12:37).

La madre de Moisés lo escondió cuando niño durante tres meses (Éxodo 2:2).

Aarón el hermano de Moisés, era tres años mayor que éste (Éxodo 7:7).

El hombre más manso en la Biblia después de Jesucristo es Moisés (Números 12:3). Dios dice: "*Y aquel varón Moisés era muy manso, más que todos los hombres que había sobre la tierra*".

Moisés cuando dividió el Mar Rojo para que el pueblo de Israel pasara, las paredes de lado a lado se debieron congelar formando una gran muralla hecha de hielo. En Éxodo 15:8 dice: "*Al soplo de tu aliento se amontonaron las aguas; se juntaron las corrientes como en un montón; los abismos se cuajaron en medio del mar*". La palabra "cuajar" es igual a "endurecer", por lo tanto, para que el agua se endurezca tiene que ser en forma de hielo.

El pueblo de Israel en dos oportunidades cruzó por el medio de las aguas. La primera oportunidad fue al abrirse por el medio el Mar Rojo (Éxodo 14:21-22); la segunda vez al atravesar el río Jordán (Josué 3:15-16).

Moisés en dos oportunidades pasó cuarenta días y cuarenta noches sin comer y sin beber agua. La primera vez ocurrió cuando Dios lo llamó al monte Sinaí, donde le entregó las dos tablas de piedra con los "Diez Mandamientos" y le dictó una serie de leyes ceremoniales, civiles, sanitarias, etc., llamada "ley de Moisés", y que instituía, un orden civil y religioso que ayudó al pueblo a guardarlos (Éxodo 20:1-17; 21: 20:22-26; Capítulos 21 al 30). La segunda vez que Moisés subió al monte Sinaí y pasó cuarenta días y cuarenta noches fue cuando Dios acepta por segunda vez entregarle al pueblo de Israel los "Diez Mandamientos", escribiéndolos con su dedo, además, termina de dictarles otras leyes para los israelitas para gobernar todo aspectos de sus vidas; leyes acerca de los esclavos, leyes contra acciones violentas, leyes en caso de accidentes, leyes para reparar daños, leyes morales y religiosas, y leyes para hacer justicia (Éxodo 34:1-28).

Dios sólo escribió una vez, cuando entregó los Diez Mandamientos en las tablas (Éxodo 34:1). "*Y (Yahveh-Jehová) dijo a Moisés: Alísate dos tablas de piedra como las primeras, y escribiré sobre esas tablas las palabras que estaban en las tablas primeras que quebraste*". En el resto de las ocasiones inspiró a otros para que escribiesen en su nombre.

Cuando Dios en Éxodo 25-31 dio a conocer el Tabernáculo, a todo le dio medidas excepto a el Candelabro (representación del Espíritu Santo). La razón de esto es que el Espíritu Santo es Dios y el ser humano no puede medirlo.

En el libro de Levíticos Capítulo 11 aparece el mayor número de animales mencionado en la Biblia.

La tribu de Leví fue la única elegida para servir como sacerdotes (Deuteronomio 10:8).

El pueblo de Israel vagó por el desierto del Sinaí por cuarenta años, esto se debió a dos acontecimientos muy importantes: El primer caso se presenta al salir de Egipto, en el desierto de Sin el pueblo tuvo sed y se quejó amargamente ante Moisés. "*Entonces clamó Moisés a (Yahveh-Jehová), diciendo: ¿Qué haré con este pueblo? De aquí a un poco me apedrearán.*

*Y (Yahvé-Jehová) dijo a Moisés: Pasa delante del pueblo, y toma contigo de los ancianos de Israel; y toma también en tu mano tu vara con que golpeaste el río, y ve. He aquí que yo estaré delante de ti allí sobre la peña en Horeb; y golpearás la peña, y saldrán de ella aguas, y beberá el pueblo. Y Moisés lo hizo así en presencia de los ancianos de Israel*" (Éxodo 17:4-6). La segunda oportunidad que el pueblo de Israel volvió a quejarse de sed fue ante Moisés y su hermano Aarón en el desierto de Sin. "*Y se fueron Moisés y Aarón de delante de la congregación a la puerta del tabernáculo de reunión, y se postraron sobre sus rostros; y la gloria de (Yahvé-Jehová) apareció sobre ellos. Y habló (Yahvé-Jehová) a Moisés diciendo: Toma la vara y reúne la congregación, tú y Aarón tu hermano, y hablad a la roca a vista de ellos; y ella dará su agua, y les sacarás agua de la roca, y le darás de beber a la congregación y a las bestias. Entonces Moisés tomó la vara de delante de (Yahvé-Jehová), como Él le mandó. Y reunieron Moisés y Aarón a la congregación delante de la roca y les dijo: ¡Oíd ahora, rebeldes! ¿Os hemos de hacer salir aguas de esta roca? Entonces alzó Moisés su mano y golpeó la roca con su vara dos veces; y salieron muchas aguas, y bebió la congregación, y sus bestias*" (Números 20:6-11). Como podemos observar, la primera vez Dios ordenó a Moisés "golpearás la roca", y en la segunda oportunidad le ordenó "hablad a la roca"; pero Moisés "golpeó la roca". En Números 20:12 dice: "*Y (Yahveh-Jehová) dijo a Moisés y a Aarón: Por cuanto no creísteis en mí, para santificarme delante de los hijos de Israel, por tanto, no meteréis esta congregación en la tierra que les he dado*".

El pueblo de Israel vagó cuarenta años en el desierto, no solamente por el castigo de desobediencia de Moisés y su hermano Aarón al no tener fe en Dios y por soberbia, sino, también para preparar a la próxima generación para recibir la tierra prometida.

El funeral de mayor duración que se tenga registro en la Biblia es el de José hijo del patriarca Jacob. El mismo José pidió que cuando el pueblo saliera de Egipto lo llevaran a la tierra de sus padres (Génesis 50:25), el pueblo de Israel vagó por el desierto 40 años, por lo que podríamos decir, que el funeral de José duró esos 40 años hasta su entierro.

El libro de Deuteronomio es el libro más citado en el Nuevo Testamento, es citado aproximadamente 80 veces. Otros libros citados con frecuencia en el Nuevo Testamento son: Génesis, Salmos e Isaías.

El número que más aparece en la Biblia es el número 7, por nombrar unos ejemplos: en Apocalipsis se encuentran: 7 iglesias (1:4); 7 candeleros de oro (1:12); 7 espíritus (1:4); 7 estrellas o ángeles (1:16; 1:20); 7 lámparas (4:5); 7 sellos (5:1); 7 cuernos y 7 ojos (5:6); 7 ángeles con 7 trompetas (8:2); 7 truenos (10:4); 7 cabezas y 7 diademas (12:3). En Josué se observan: 7 sacerdotes (Josué 6:4); 7 bocinas (Josué 6:4); 7° día (Josué 6:15); 7 vueltas (Josué 6:15); 7 naciones conquistadas en 7 años. En Génesis, Dios hizo la creación y descansó en 7 días (Génesis 2:2).

El nombre original de Josué era Oseas (Números 13:8; Deuteronomio 32:44). En Números 13:16 dice: "*Estos son los nombres de los varones que Moisés envió a reconocer la tierra; y a Oseas hijo de Nun le puso Moisés el nombre de Josué*".

Los muros de Jericó no cayeron a la séptima vuelta como se piensa comúnmente, es importante aclarar que no fueron siete vueltas solamente, sino trece en total, esto debido a que cada día les daban una vuelta a las murallas de Jericó por seis días consecutivos y, al séptimo día, dieron siete vueltas (Josué 6:14-15).

Dios detuvo al sol y la luna para que Josué derrotara a cinco reyes paganos y conquistara la tierra prometida (Josué 10:12-13).

Josué derrotó a 31 reyes para poseer la tierra prometida (Josué 12:24).

Débora fue la única mujer juez de Israel en el A.T. (Jueces 4:4).

El hombre más fuerte del mundo fue Sansón (Jueces 13-16).

Al contrario de lo que se cree, quien cortó el pelo a Sansón no fue Dalila sino un hombre. Ella sólo hizo que se durmiese en sus rodillas para que un hombre le cortase el cabello (Jueces 16:19).

La fuerza de Sansón no provenía de su pelo como se cree comúnmente. Cada vez que Sansón hacia alguna hazaña, se dice que el Espítu Santo venía sobre él (Jueces 13:25; 15:14). El libro de Jueces dice claramente que cuando él despertó de su sueño, no sabía que (Yahvé-Jehová) se había apartado de él (Jueces 16:20), obsérvese que no dice "se le fue la fuerza" sino "(Yahve-Jehová) se había apartado de él".

El libro de Jueces 8:30 dice que Gedeón tuvo 70 hijos, siendo el hombre que más hijos tuvo en la Biblia.

El rey israelita más joven fue Joas quien tenía apenas 7 años cuando comenzó a gobernar (2 Crónicas 24:1).

El rey israelita más viejo fue Roboan quien comenzó a gobernar a los 41 años (2 Crónicas 12:13).

El gigante Goliat no murió de la pedrada que le diera David, sino por su propia espada (1 Samuel 17:48-51), cuando David le cortó la cabeza con la misma.

Goliat tenía un hermano que también fue vencido (1 Crónicas 20:5).

En la época del rey David no se habían inventado las notas musicales, estas apenas se inventaron en el siglo X d.C. por el maestro italiano Guido d'Arezzo quien inventó el sistema con las 7 notas musicales que hoy conocemos.

El primer músico que se menciona en la Biblia no fue el rey David. La Biblia menciona a Jubal hijo de Ada, mujer de Lamec y antecesor de los que "tocan arpa y flauta" (Génesis 4:21).

El primer rey de Israel fue Saúl (1 Samuel 13:1).

Eleazar, uno de los valientes de David, en una batalla con los filisteos, tuvo tanto tiempo la espada en la mano que se le quedó pegada. (2 Samuel 23:9-10).

Salomón fue el rey de Israel que edificó el templo (1 Reyes 6).

En la película 300 dirigida por el director Zack Snyder el trono del rey persa que pelea contra los espartanos en la batalla de Las Termopilas, es idéntico al descrito en 1 Reyes 10:18-20.

En la Biblia el rey que más años gobernó fue el rey Manases con 55 años (2 Reyes 21:1).

El libro 2 Reyes capítulo 19 y el libro del profeta Isaías en su capítulo 37, tienen el mismo contenido, se puede decir que esos dos libros son iguales en esos capítulos.

El reinado más corto que se encuentra en la Biblia fue la del rey Zimri (1 Reyes 16:15). Este rey apenas duró 7 días.

El único personaje que la Biblia menciona como haciendo uso de un reloj fue el Rey Acaz (2 Reyes 20:11). "*Entonces el profeta Isaías clamó a (Yahveh-Jehová); e hizo volver la sombra por los grados que había descendido en el reloj de Acaz, diez grados atrás*".

El cabello de Absalón era tan largo que en la Biblia dice que pesaba 200 siclos de peso real, equivalente a 2 kilos (2 Samuel 14:26).

El rey David era una de las personas más bellas de las que se mencionan en la Biblia, pero tiene competencia, porque también Absalón es considerado muy hermoso. En 2 Samuel 14:25 dice: "*Y no había en todo Israel ninguno tan alabado por su hermosura como Absalón; desde la planta de su pie hasta su coronilla no había en él defecto*".

La frase "manos a la obra" es bíblica, en 1 Crónicas 22:16 dice: "*Del oro, de la plata, del bronce y del hierro, no hay cuenta. Levántate, y manos a la obra; y (Yahveh-Jehová) esté contigo*".

La Biblia muestra a David como poeta, músico y cantor, pero también como "profeta". En el versículo de Salmos 1:1 hace mención de Jesús.

El libro de Ester es el único libro de la Biblia que literalmente no menciona a Dios.

El Seol (en hebreo *Sheol*), es un nombre que se le daba a la región o morada de los muertos y que se suponía en lo profundo de la tierra.

El Hades es un vocablo griego que designa la morada o región de los muertos, y que equivale al Seol hebreo.

La *Gehenna* es la palabra griega para designar el infierno. Esta palabra, *Gehenna*, a su vez proviene del hebreo *Gai Ben Hinnom* que significa el Valle de Hinón, el infierno judío, y sería el paralelo al infierno cristiano. En este valle se quemaba la basura, animales muertos, los criminales y personas consideradas inmundas como los leprosos y no merecedores de un entierro decente.

La ciudad de Jerusalén es nombrada más de seiscientas cincuenta veces en el Antiguo Testamento y más de ciento cuarenta veces en el Nuevo Testamento.

El nombre más largo que se encuentra en la Biblia es Maher-salal-hasbaz (Isaías 8:1). Este nombre significa "el despojo se apresura, la presa se precipita, date prisa al despojo, apresúrate a la presa".

Dios promete no destruir jamás a Noé, Daniel y Job. En Ezequiel 14:20 Dios habla a través de su profeta: "*Y estuviesen en medio de ella Noé, Daniel y Job, vivo yo, dice (Yahveh-Jehová) el Señor, no librarían a hijo ni a hija; ellos por su justicia librarían solamente sus propias vidas*".

¿Sabías que, en el Antiguo Testamento, las imágenes que vienen en las nubes se utilizan de manera exclusiva para las figuras divinas? El profeta Daniel 7:13-14 dice: "*Seguía yo contemplando estas visiones nocturnas y vi venir sobre las nubes alguien semejante a un hijo de hombre; se dirigió hacia el anciano y fue conducido por él. Se le dio poder, gloria y reino, y todos los pueblos, naciones y lenguas le servían. Su poder es eterno y nunca pasará, y su reino jamás será destruido*".

La palabra Yahveh - Jehová aparece literalmente en nueve ocasiones en el libro de Daniel. Nueve veces en el Capítulo 9. Daniel 9:2; Daniel 9:4; Daniel 9:8; Daniel 9:9; Daniel 9:10; Daniel 9:13; Daniel 9:14 (dos ocasiones); Daniel 9:20.

En el libro del profeta Sofonías en su capítulo tres y versículo ocho están todas las letras del alfabeto hebreo las 22 letras.

La expresión "ejercito de los cielos" es una expresión figurada para los diversos cuerpos celestes. A menudo, éstos fueron adorados por las naciones que rodeaban a Israel, de allí que el Señor desde temprano advirtiera a su pueblo contra esta práctica (Deuteronomio 4:19; 17:3). Sin embargo, este culto llegó a ocupar un lugar destacado en la degradada vida religiosa de los reinos de Judá y de Israel (2 Reyes 17:16; 21:3, 5; Jeremías 8:2; 19:13; Sofonías 1:5; Hechos 7:42), y constituyó una importante meta para los esfuerzos de reformadores como el rey Josías (2 Reyes 23:4,5). La expresión aparece con simbolismo profético en 1 Reyes 22:19 y Deuteronomio 8:10.

La Biblia habla de una "tele transportación", en Hechos 8:39-40 el evangelista Lucas dice: "*Cuando subieron del agua, el Espíritu del Señor arrebató a Felipe; y el eunuco no le vio más, y siguió gozoso su camino. Pero Felipe se encontró en Azoto; y pasando, anunciaba el evangelio en todas las ciudades, hasta que llegó a Cesárea*".

La palabra "gentil" en el hebreo es *Goyim*. Esto significa que son páganos, idolatras, es decir, que no tiene en cuenta a Dios, que no le interesa para nada Dios, no le importa ni conocerlo, ni las instrucciones de Dios, de la misma manera cuando alguien decía "yo no soy israelita", entonces para el judío significaba que no le interesaba. En los tiempos bíblicos había tres formas para definir a una persona que no era nacido de Israel o de las doce tribus de Israel.

1. La palabra gentil (*Goyim*) aquellos que no son nacidos sanguíneamente de Abraham.
2. *Geri-tosher* (que significa extranjero); no vivían en la tierra de Israel, se les tenían aparte, no querían saber nada de las cosas de Dios, en el tiempo de Jesús vivían en el área de Samaria y en la región de Decápolis, las diez ciudades gentiles al lado del Mar Muerto, fue el famoso lugar donde llegó el Señor y encontró al endemoniado llamado Gadareno (Marcos 5:1-20; Mateo 8:28-34; Lucas 8:26-39).
3. Los *Geri-tosher* (extranjeros) que vivían en Israel, pero ellos tenían que comprometerse a vivir de acuerdo a las siete leyes de Noé, y así podían permanecer en Israel.

Tanto en la antigüedad, como en los tiempos modernos del Israel actual, la crianza de cerdos está prohibida. En los tiempos de Jesús, los cerdos eran criados en la región de Decápolis, donde se encontraban las diez famosas ciudades gentiles al lado del Mar Muerto. Ahí ocurrió el famoso relato del Señor donde se encontró con el endemoniado Gadareno (Marcos 5:1-20; Mateo 8:28-34; Lucas 8:26-39). Como el cerdo era considerado un animal inmundo, por tal motivo, no podía haber cerdos en Israel antes como en la actualidad. El cerdo es conocido por los israelitas como "demonio", cuando se le habla a un Israelita de este animal su mente piensa en un demonio, es lo más sucio que puede encontrar en una persona.

Parte X

# Significado metafórico de la oveja

La oveja (hembra del carnero), el carnero (rumiante doméstico, de grandes cuernos enrollados en espiral, que se cría para aprovechar su carne y su lana) y el cordero (hijo de la oveja y que no pasa de un año) son los animales más nombrados en la Biblia. Tal es la importancia de estos animales en la vida de los israelitas de los tiempos bíblicos que en los idiomas originales de las Escrituras aparecen con 12 palabras hebreas diferentes, algunas haciendo distinción en cuanto a la edad, el sexo y la raza.

La oveja (hembra del carnero) se menciona 298 veces en la Biblia.

El carnero se nombra en los textos bíblicos un total de 168 ocasiones.

El cordero (hijo de la oveja que no pasa de un año) se cita 180 veces en la Biblia.

Todos los matices son importantes para entender a cabalidad el significado metafórico que tiene la oveja en la Biblia, sobre todo en el Nuevo Testamento. Para entender un poco estos significados metafóricos tenemos:

- La mayoría de las versiones modernas traducen correctamente de Números 28:3 corderos "sin tacha", y no "sin mancha", ya que se refiere a imperfecciones generales del animal y no a sus manchas de color.
- El significado de separar las ovejas de los cabritos en Mateo 25:32 se aclara cuando se conoce que en un rebaño mixto estos animales pueden parecerse mucho y es preciso examinarlos de cerca.
- El nombre de la oveja se usa como figura del hombre indefenso, descarriado, manso, sociable, incapaz de bastarse a sí mismo o volver solo al redil.
- El Nuevo Testamento anuncia también la gran paradoja de Juan 1:29 cuando el apóstol dice: "… *He aquí el Cordero de Dios, que quita el pecado del mundo*".
- Hoy en día no se ven fácilmente por el mundo hermosos y sugerentes hatos de ganado lanar, ni muchas personas que sepan de ovejas y pastores, pero tampoco hay muchas maneras de darnos una mejor imagen del drama humano y la misericordia de Dios que la que nos ofrece Mateo 9:36 cuando el apóstol dice: "*Y al ver las multitudes, tuvo compasión de ellas; porque estaban desamparadas y dispersas como ovejas que no tienen pastor*".

Parte XI

# Significado y simbolismo de los números en la Biblia

Para nosotros los números tienen un significado muy distinto a los números que leemos en la Biblia. En las Escrituras estos tienen tres significados distintos: cantidad, simbolismo y mensaje; los cuales se explican a continuación:

## La cantidad

Es un significado parecido al nuestro. Por ejemplo, 1 Reyes 18:1; 2 Reyes 22:1; 1 Reyes 4:7; Juan 11:18. Estos números no son simbólicos ni encierran ningún mensaje oculto. Simple y llanamente se refieren a la cantidad de años, personas o distancia mencionadas en el texto. En este significado no hay lugar para la confusión: lo que el número dice es lo que quería decir el autor. En 1 Reyes 18:1 Dios habla a través de su profeta Elías: "*Pasados muchos días, vino palabra de (Yahveh-Jehová) a Elías en el tercer año, diciendo: Ve, muéstrate a Acab, y yo haré llover sobre la faz de la tierra*".

# EL SIMBOLISMO

Un número simbólico es aquel que no indica una cantidad, sino que expresa una idea, un mensaje distinto de él, que lo supera y lo desborda. No siempre es posible saber por qué tal número significa "tal" cosa. La asociación entre ambas realidades a veces es desconocida. Para nosotros, los occidentales, esto es difícil de entender, pero los semitas (descendientes de Sem, primer hijo de Noé), los usaban con toda naturalidad para transmitir ideas, mensajes o claves.

La Biblia no explica nunca qué simboliza cada número, pero los estudiosos han llegado a averiguar algunos de sus simbolismos y han podido aclarar muchos episodios bíblicos.

El número 1 simboliza a "Dios", que es único. Por ello indica exclusividad, primado, excelencia: (Mateo 19:17; 19:6; Juan 10:30; Gálatas 3:28; Efesios 4:5). En todos estos casos, el uno simboliza el ámbito divino. En Mateo 19:17 Jesús dice: "*Él le dijo: ¿Por qué me llamas bueno? Ninguno hay bueno sino uno: Dios. Más si quieres entrar en la vida, guarda los mandamientos*".

El número 2 representa al "hombre", pues en él hay siempre dualidad, división interior por culpa del pecado. (Mateo 20:30; 26:60). En Mateo 20:30 el apóstol dice: "*Y dos ciegos que estaban sentados junto al camino, cuando oyeron que Jesús pasaba, clamaron, diciendo: ¡Señor, Hijo de David, ten misericordia de nosotros!*".

El número 3 representa "totalidad", quizá porque 3 son las dimensiones del tiempo: pasado, presente y futuro. Decir 3 equivale a decir "la totalidad" o "siempre". (Génesis 6:10; Isaías 6:3; Mateo 26:34). En Mateo 26:34 Jesús dice: "*Jesús le dijo: De cierto te digo que esta noche, antes que el gallo cante, me negarás tres veces*".

El número 4 en la Biblia simboliza "el cosmos, el mundo", ya que son 4 los puntos cardinales. Cuando se dice que en el

Paraíso había 4 ríos (Génesis 2:10) significa que todo el cosmos era un Paraíso antes del pecado de Adán y Eva. Es decir, no se trata de un sitio determinado, aunque algunos continúen buscando dónde estaba el Edén. (Ezequiel 37:9; Apocalipsis 4:6). En Génesis 2:10 dice: "*Y salía de Edén un río para regar el huerto, y de allí se repartía en cuatro brazos*".

El número 5 significa "algunos", "unos cuantos", una cantidad indefinida. Así, se dice que en la multiplicación de los panes Jesús tomó 5 panes (algunos panes). Que en el mercado se venden 5 pajarillos por dos monedas (algunos pajaritos) (1 Corintios 14:19). En Mateo 14:17 el apóstol dice: "*Y ellos dijeron: No tenemos aquí sino cinco panes y dos peces*".

El número 7 tiene el simbolismo más conocido de todos. Representa la "perfección". Por eso Jesús dirá a Pedro que debe perdonar a su hermano hasta 70 veces 7. También puede expresar la perfección del mal, o el sumo mal, como cuando Jesús enseña que si un espíritu inmundo sale de un hombre puede regresar con otros 7 espíritus peores, o cuando el evangelio cuenta que el Señor expulsó 7 demonios de la Magdalena. El Apocalipsis es el que más lo emplea: 54 veces para describir simbólicamente las realidades divinas: las 7 iglesias del Asia, los 7 espíritus del trono de Dios, las 7 trompetas, los 7 candeleros, los 7 cuernos, etc. La tradición cristiana continuó este simbolismo del 7, y por eso fijó en 7 los sacramentos, los dones del Espíritu Santo, las virtudes. En Mateo 18:22 Jesús dice: "*...No te digo hasta siete, sino aun hasta setenta veces siete*".

El número 10 tiene un valor que sirve para "recordar". Al ser 10 los dedos de las manos, resulta fácil recordar esta cifra. Por eso figuran como 10 los mandamientos que (Yahveh-Jehová) dio a Moisés (podrían haber sido más), y 10 las plagas que azotaron a Egipto. También por esta razón se ponen sólo 10 antepasados entre Adán y Noé, y 10 entre Noé y Abraham, aun cuando sabemos que existieron muchos más. En la parábola de las diez vírgenes (Mateo 25), el número diez representa el número legal necesario para un casamiento judío. En Mateo 25:1 Jesús dice: "*Entonces el reino de los cielos será semejante a diez vírgenes que tomando sus lámparas, salieron a recibir al esposo*".

El número 12 es también simbólico. Significa "elección". Por eso se hablará de las 12 tribus de Israel, cuando en realidad el Antiguo Testamento menciona más de 12; pero con esto se quiere decir que eran tribus "elegidas". Igualmente se agruparán en 12 a los profetas menores del Antiguo Testamento. También el evangelio mencionará 12 apóstoles de Jesús, que resultan ser más de 12 si comparamos sus nombres; pero se los llama "Los Doce" porque son los elegidos del Señor. Asimismo, Jesús asegura tener 12 legiones de ángeles a su disposición (Mateo 26:53). El Apocalipsis hablará de 12 estrellas que coronan a la mujer, 12 puertas de Jerusalén, 12 ángeles, 12 frutos del árbol de la vida. En Mateo 26:53 Jesús dice: "*¿Acaso piensas que no puedo ahora orar a mi Padre, y que él no me daría más de doce legiones de ángeles?*".

El número 40 tiene también valor simbólico. Representa el "cambio", de un período a otro, los años de una generación. Por eso el diluvio dura 40 días y 40 noches (pues es el cambio hacia una nueva humanidad) (Génesis 7:12). Los israelitas están 40 años en el desierto (hasta que cambia la generación infiel por otra nueva). Moisés permanece 40 días y sus noches en el monte Sinaí recibiendo las tablas de la ley (a partir de este momento la vida del pueblo de Israel cambiará) (Éxodo 34:28). El profeta Elías peregrina 40 días con sus noches huyendo de la reina (su vida cambiará a partir de este hecho) (1 Reyes 19:8). Jesús ayunará 40 días (porque es el cambio de su vida privada a su vida pública). En Marcos 1:13 el evangelista dice: "*Y estuvo allí en el desierto cuarenta días, y era tentado por Satanás, y estaba con las fieras; y los ángeles le servían*".

El número 1.000 significa "multitud, gran cantidad" (Daniel 5:1; Salmo 90; 1 Reyes 3:4; 1 Reyes 11:3). A veces este número puede entrar en combinación con otros. Así, en el Apocalipsis dice simbólicamente que al final del mundo se salvarán 144.000 elegidos, porque es la combinación de 12x12x1.000, y significan los elegidos del Antiguo Testamento (12), y los elegidos del Nuevo Testamento (12), en una gran cantidad (x1.000). En Daniel 5:1 Dios habla a través de su profeta: "*El rey Belsasar hizo un gran banquete a mil de sus príncipes, y en presencia de los mil bebía vino*".

Quedan otros números simbólicos como el 70. El evangelista Lucas dice que Jesús eligió a 70 discípulos para enviarlos a todos los lugares y sitios por donde él tenía que pasar (Lucas 10:1). No está dando una cifra real, sino simbólica, ya que según Génesis 10 el total de los pueblos y naciones que existían en el mundo era 70. Cuando Lucas dice esto, lo que quiso decir es que los mandó para que el evangelio llegara a todas las naciones del mundo. En Lucas 10:1 el evangelista dice: "*Después de estas cosas, designó el Señor también a otros setenta, a quienes envió de dos en dos delante de él a toda ciudad y lugar adonde él había de ir*".

También vemos otra cifra en Juan 21:11. ¿Por qué tanto interés en dejar registrado el número de 153 peces? Es que en la antigüedad se creía, entre los pescadores, que 153 era el número de especies marinas que existía en los mares. El mensaje es claro: "Jesús vino a salvar a gente de todas las naciones, razas y pueblos del mundo".

No todos los números en la Biblia son simbólicos, ante cada cifra tenemos que preguntarnos: ¿esta cifra indica cantidad o encierra un mensaje?

# EL MENSAJE

En las lenguas hebrea y griega las letras tienen un valor numérico. Así el 1 sería la A, el 2 la B, etc. El número obtenido con la combinación de letras se llama gemátrico. En cada cifra podía haber escondida una palabra. La Biblia trae varios ejemplos de estos números gemátricos. Por ejemplo: Cuando salieron los israelitas de Egipto dicen que salieron 603.550 hombres, sin contar mujeres y niños, pero si sustituimos las letras de la frase "todos los hijos de Israel" (en hebreo: *rs kl bny ysr'l*) por sus correspondientes valores numéricos da precisamente 603.550, con lo cual lo que están diciendo es que salieron "todos los hijos de Israel". Mateo 1:17 divide a los antepasados de Jesús en tres series de 14 generaciones cada una. Pero esto es imposible. Mateo sólo pone tres nombres para cubrir los 430 años de esclavitud en Egipto. Lo que ocurrió fue que cogieron el nombre de David (D=4+V=6+D=4=14). Y como se esperaba que el Mesías fuera descendiente de David, el evangelista quiso decir que Jesús es el "triple David", el Mesías total, verdadero descendiente de David. El más conocido de estos números gemátricos es el famoso 666 en (Apocalipsis 13:18). El mismo libro aclara que se trata de la cifra de un hombre. Ese hombre es el emperador Nerón. Si "Nerón Cesar" en hebreo obtenemos:

"N=50+R=200+W=6+N=50+Q=100+S=60+R=200=666"

# PARTE XII

# MILAGROS Y RESURRECCIONES

## MILAGROS EN EL ANTIGUO TESTAMENTO

En el Antiguo Testamento Dios realizó numerosos milagros para ayudar al pueblo de Israel y sus profetas. Aquí algunos de estos milagros:

- La esposa de Lot se convierte en sal (Génesis 19:26).
- El milagro de la zarza ardiente (Éxodo 3).
- El milagro de la vara de Aarón (Éxodo 7:10-12).
- El milagro de las aguas que se convirtieron en sangre (Éxodo 7:20-24).
- El milagro de las ranas (Éxodo 8:5-14).
- El milagro de los mosquitos (Éxodo 8:16-18).
- El milagro de la plaga de tábanos (Éxodo 8:20-24).
- El milagro de la plaga de langostas (Éxodo 10:3-6).
- El milagro de las úlceras (Éxodo 9:11).
- El milagro del granizo y los rayos (Éxodo 9:23).
- El milagro de la invasión de las langostas (Éxodo 10:10-14).
- El milagro de las tinieblas (Éxodo 10:21-22).

- La muerte de los primogénitos (Éxodo 12:29-30).
- El milagro de las aguas del Mar Rojo (Éxodo 14:21-31).
- El milagro de la dulcificación de las aguas (Éxodo 15:23-25).
- El milagro del maná (Éxodo 16:14-35).
- El milagro del agua que salió de la roca (Éxodo 17:5-7).
- El milagro de la vara de Aarón (Números 17:1-10).
- La muerte de Nadab y Abihu (Levítico 10:1-2).
- El fuego de Taberá (Números 11:1-3).
- Las personas que quedaron enterradas (Números 16:31-35).
- El milagro del agua que brotó de la roca (Números 20:7-11).
- El milagro de la serpiente en la asta (Números 21:8-9).
- El milagro de la burra que habló (Números 22:21-35).
- El milagro en el Jordán (Josué 3:14-17).
- El milagro de la caída de las murallas de Jericó (Josué 6:6-20).
- El milagro del sol y la luna (Josué 10:12-14).
- El milagro de la hondonada (Jueces 15:19).
- Muerte de los filisteos ante el arca de Dios (1 Samuel 5:1-12).
- Muerte de los hombres que miraron el arca (1 Samuel 6:19).
- Muerte de los filisteos por truenos (1 Samuel 7:10-12).
- Milagro tras la invocación de Dios por Samuel (1 Samuel 12:18).
- Dios guía a David contra los filisteos (2 Samuel 5:23-25).
- Muerte de Uza (2 Samuel 6:7).
- El milagro del brazo de Jeroboán (1 Reyes 13:1-5).
- El milagro de la harina y el aceite (1 Reyes 17:14-16).

- El milagro de la resurrección del hijo de la viuda (1 Reyes 17:17-24).
- Milagro del fuego del sacrificio (1 Reyes 18:30-38).
- El milagro de lluvia (1 Reyes 18:41-45).
- El milagro del fuego que cayó del cielo (2 Reyes 1:10-12).
- El milagro de la división de Jordán (2 Reyes 2:7-8,14).
- Milagro de la purificación de las aguas de Jericó (2 Reyes 2:21-22).
- El milagro del agua en el valle (2 Reyes 3:16-20).
- El milagro del aceite multiplicado (2 Reyes 4:2-7).
- El milagro de la resurrección del niño sunamita (2 Reyes 4:32-37).
- El milagro de la comida (2 Reyes 4:38-41).
- El milagro de la alimentación de cien hombres (2 Reyes 4:42-44).
- El milagro que curó a Naamán de la lepra (2 Reyes 5:10-14).
- Giezi se enferma de lepra (2 Reyes 5:20-27).
- El milagro del hacha (2 Reyes 6:5-7).
- El milagro de la ceguera de los soldados sirios (2 Reyes 6:18-20).
- El milagro de los huesos de Eliseo (2 Reyes 13:21).
- La muerte de los soldados asirios (2 Reyes 19:35).
- El milagro de la sombra (2 Reyes 20:9-11).
- El rey Uzías se enferma de lepra (2 Crónicas 26:16-21).
- El milagro que salva a Sadrac, Mesac y Abed-nego (Daniel 3:19-27)
- El milagro de Daniel y los leones (Daniel 6:16-23).
- El milagro de Jonás y la ballena (Jonás 2:1-10).

# MILAGROS EN EL NUEVO TESTAMENTO

Jesús realizó miles de milagros de los cuales los cuatro evangelistas sólo narran una fracción de ellos, esto debido a que el Señor con su Palabra y su mano, tocó y sanó a miles de personas. Un ejemplo de ello lo tenemos en los pasajes de Mateo 4:23-24 el apóstol dice: "*Y recorrió Jesús toda Galilea, enseñando en las sinagogas de ellos, y predicando el evangelio del reino, y sanando toda enfermedad y toda dolencia en el pueblo. Y se difundió su fama por toda Siria; y le trajeron todos los que tenían dolencias, los afligidos por diversas enfermedades y tormentos, los endemoniados, lunáticos y paralíticos; y los sanó*". En Marco 3:9-11 el evangelista dice: "*Y dijo a sus discípulos que le tuviesen siempre lista la barca, a causa del gentío, para que no le oprimiesen. Porque había sanado a muchos; de manera que, por tocarle, cuantos tenían plagas caían sobre él. Y los espíritus inmundos, al verle, se postraban delante de él, y daban voces, diciendo: Tú eres el Hijo de Dios*". En Lucas 6:17-19 el evangelista dice: "*Y descendió con ellos, y se detuvo en un lugar llano, en compañía de sus discípulos y de una gran multitud de gente de toda Judea, de Jerusalén y de la costa de Tiro y de Sidón, que había venido para oírle, y para ser sanados de sus enfermedades; y los que habían sido atormentados de espíritus inmundos eran sanados. Y toda la gente procuraba tocarle, porque poder salía de él y sanaba a todos*". Por nombrar unos pocos. Sin embargo, se rescataron suficientes hechos sobrenaturales que nos dan una pequeña idea del poder de nuestro Señor Jesucristo.

En el Nuevo Testamento se narran cuarenta y dos milagros de Jesús, dieciocho de los cuales son sanidades.

Los discípulos directos de Jesús no fueron los únicos testigos de los milagros, muerte y resurrección de Jesucristo, también los judíos y gentiles (no judíos). Esto se puede verificar cuando estos judíos y gentiles fueron confrontados y no pudieron negar la veracidad de los hechos; es decir, les decían en sus caras, "ustedes saben también acerca de estas cosas", "ustedes las vieron", "ustedes mismos las conocen". En Hechos 2:22 el apóstol Pedro les dice: "*Varones Israelitas, oíd estas palabras: Jesús nazareno, varón aprobado por Dios entre vosotros con las maravillas, prodigios y señales que Dios hizo entre vosotros por medio de él, como vosotros mismos sabéis*", en (Hechos 26:24-26); el apóstol Pablo dice: "*Diciendo él estas cosas en su defensa, Festo a gran voz dijo: Estás loco, Pablo; las muchas letras te vuelven loco. Más él dijo: No estoy loco, excelentísimo Festo, sino que hablo palabras de verdad y de cordura. Pues el rey sabe estas cosas, delante de quien también hablo con toda confianza. Pues no pienso que ignora nada de esto; pues no se ha hecho esto en algún rincón*".

Gracias a los evangelios, podemos saber algunos de los miles de milagros realizados por Jesús.

El cuadro siguiente te dice de los milagros y curaciones realizadas por Jesús y reseñadas por los cuatro evangelios:

| Milagros | Mateo | Marcos | Lucas | Juan |
|---|---|---|---|---|
| Cinco mil personas reciben alimentos | 14:15-21 | 6:35-44 | 9:12-17 | 6:5-14 |
| Jesús calma la tormenta | 8:23-27 | 4:35-41 | 8:22-25 | |
| Los demonios son lanzados a los cerdos | 8:28-34 | 5:1-20 | 8:26-39 | |
| La hija de Jairo resucita | 9:18-26 | 5:22-24,35-46 | 8:41-42,49-56 | |
| Una enferma sana | 9:20-22 | 5:25-34 | 8:43-48 | |
| Jesús sana a un paralitico | 9:1-8 | 2:1-12 | 5:17-26 | |
| Jesús sana un leproso en Genesaret | 8:1-4 | 1:40-45 | 5:12-15 | |
| Jesús sana a la suegra de Pedro | 8:14-17 | 1:29-31 | 4:38-39 | |
| Jesús restituye una mano seca | 12:9-13 | 3:1-5 | 6:6-11 | |

| | | | | |
|---|---|---|---|---|
| Jesús libera a un niño poseído por un demonio | 17:14-21 | 9:14-29 | 9:37-42 | |
| Jesús camina sobre el mar | 14:22-33 | 6:45-52 | | 6:17-21 |
| El ciego Bartimeo recibe la vista | 20:29-34 | 10:46-52 | 18:35-43 | |
| Jesús libera a una niña endemoniada | 15:21-28 | 7:24-30 | | |
| Cuatro mil personas reciben alimentos | 15:32-38 | 8:1-9 | | |
| Maldición de la higuera | 21:18-22 | 11:12-14,20-24 | | |
| Jesús cura al siervo de un centurión | 8:5-13 | | 7:1-10 | |
| Jesús expulsa de un hombre a un demonio | | 1:23-27 | 4:33-36 | |
| Un mudo endemoniado recibe sanidad | 12:22 | | 11:14 | |
| Dos ciegos reciben la vista | 9:27-31 | | 11:14 | |
| Jesús sana a un mudo | 9:32-33 | | | |
| Una moneda en la boca de un pez | 17:24-27 | | | |
| Un sordomudo habla | | 7:31-37 | | |
| Un ciego recobra la vista en Betsaida | | 8:22-26 | | |
| La primera pesca milagrosa | | | 5:1-11 | |
| Jesús resucita al hijo de una viuda | | | 7:11-16 | |
| Jesús sana a una mujer encorvada | | | 13:10-17 | |
| Jesús cura a un enfermo | | | 14:1-6 | |
| Jesús sana a diez leprosos | | | 17:11-19 | |
| Jesús restaura el oído de un hombre | | | 22:49-51 | |
| Jesús convierte el agua en vino | | | | 2:1-11 |
| Jesús sana al hijo de un noble en Canaán | | | | 4:46-54 |
| Jesús sana a un cojo | | | | 5:1-16 |
| Jesús sana a un ciego de nacimiento | | | | 9:1-17 |
| Jesús resucita a Lázaro | | | | 21:1-14 |
| Segunda pesca milagrosa | | | | 21:1-14 |

# RESURRECCIONES EN EL ANTIGUO TESTAMENTO

En el Antiguo Testamento se describen tres resurrecciones. A saber:

- La primera cuando Dios le concede al profeta Eliseo la resurrección del hijo de la viuda de Sarepta (1 Reyes 17:18-24).
- La segunda resurrección cuando Dios le otorga a Eliseo la resurrección al hijo de la sunita (2 Reyes 4:32-37).
- La última resurrección que ocurre en el Antiguo Testamento es cuando un hombre muerto es arrojado en la tumba de Eliseo y al tocar sus huesos resucita (2 Reyes 13:20-21).

# RESURRECCIONES EN EL NUEVO TESTAMENTO

En el Nuevo Testamento se describen seis resurrecciones, tres realizadas por nuestro Jesús, la resurrección de nuestro Señor Jesucristo, una por el apóstol Pedro y la otra por el apóstol Pablo. A saber:

- La primera resurrección la realiza Jesús a la hija de Jairo (Marcos 5:21-43; Mateo 9:18-26; Lucas 8:40-56).
- La segunda resurrección que realiza Jesús es al hijo de la viuda de Nain (Lucas 7:11-17).
- La tercera resurrección realizada por Jesús es la de su amigo Lázaro de Betania (Juan 11:1-44).
- La cuarta resurrección descrita en el Nuevo Testamento es la del propio Jesucristo cuando Dios resucita de entre los muertos a su único Hijo (Mateo 28:1-10; Marcos 16:1-8; Lucas 24:1-12 y Juan 20:1-10).

- La quinta resurrección le es concedida por Dios al Apóstol Pedro para resucitar a Dorcas (Hechos 9:36-43).
- La sexta y última resurrección es la que realiza el Apóstol Pablo al joven Eutiquio concedida por Dios (Hechos 20:7-12).

Las resurrecciones del Antiguo Testamento que le fueron concedidas por Dios al profeta Eliseo fue mediante la oración (1 Reyes 17:18-24; 2 Reyes 4:32-37).

En el Nuevo Testamento, las resurrecciones concedidas por Dios a los apóstoles Pedro y Pablo también son mediante oración.

Esto no ocurre con nuestro Señor Jesucristo, ya que este poder de resurrección lo tenía por ser Hijo de Dios. En la resurrección de la hija de Jairo Jesús le ordena a la hija diciéndole "*Talita cumi; que traducido es: Niña, a ti te digo, levántate*" (Marcos 5:41). Igualmente sucede en la resurrección del hijo de la viuda de Nain, a quien le ordena diciéndole: "*Joven, a ti te digo, levántate*" (Lucas 7:14). En la resurrección de Lázaro, Jesús le pide en oración a Dios resucitar a su amigo Lázaro; pero no porque no tuviese el poder, sino como Él mismo lo dice, "*...lo dije por causa de la multitud que está alrededor, para que crean que tú me has enviado*" (Juan 11:42).

Parte XIII

# Diferencias entre la Biblia católica y la Biblia protestante

Antes de continuar, es importante establecer las diferencias existentes entre una Biblia católica de una protestante.

## Iglesia protestante

A partir del año 1.517, el entonces monje alemán Martín Lutero intentó introducir reformas en su iglesia, la Católica Apostólica Romana, como sus reformas no fueron aceptadas, se produjo un cisma, y fue así como nació una nueva iglesia, la iglesia protestante.

El término protestante es utilizado para referirse tanto a los grupos cristianos, que se separaron de la Iglesia católica romana con la reforma protestante del siglo XVI, como a los desarrollos teológicos particulares de los reformadores y las iglesias resultantes de dicha reforma (dentro de la cristiandad).

Debido a la diversidad de grupos que se sumaron al protestantismo y sus diferencias doctrinales, el mismo no se corresponde con el modelo de una sola iglesia ni una doctrina homogénea.

El protestantismo habitualmente se expresa en tres tipos de movimientos o congregaciones:

- Aquel que se corresponde a "iglesias históricas de carácter nacional", como la iglesia de Inglaterra (anglicanismo) en el Reino Unido y el ámbito de sus excolonias, las iglesias luteranas en Alemania y Escandinavia, y las iglesias calvinistas (reformados y presbiterianos) en Suiza, Países Bajos y Escocia. Las iglesias metodistas y algunas iglesias bautistas, aunque sin carácter nacional, son agrupadas en este primer tipo.
- Aquel que se corresponde a "iglesias históricas de carácter congregacional", como las iglesias congregacionalistas, las iglesias puritanas, las iglesias anabaptistas (menonitas, hermanos) y la mayoría de iglesias bautistas; o a iglesias evangélicas, de carácter libre y generalmente calvinistas, aunque anabaptistas. Generalmente se las ha llamado iglesias de la segunda reforma.
- Aquel que se corresponde a "movimientos pentecostales o carismáticos", surgidos de diversas iglesias protestantes o sin continuidad histórica.

Existen en el mundo alrededor de 800 millones de protestantes distribuidos en diferentes denominaciones que siguen diferentes líneas interpretativas de la Biblia.

# IGLESIA CATÓLICA

La palabra católica es un término originario del idioma griego *katholikós*, que significa "universal". Se hace esta distinción en relación a otras iglesias cristianas, como la comunión anglicana y las iglesias ortodoxas, las cuales se refieren a sí mismas dentro de la única "iglesia, una, santa, católica y apostólica" del credo niceno (Concilio de Nicea 325 d.C.), y que también serían católicas (tanto en sentido etimológico como en todo el contenido del término, dado que se dirigen a seguidores de todo el mundo).

La diferencia de las iglesias ortodoxas respecto de la Iglesia Católica Romana consiste en situarse fuera de la autoridad del papa.

La iglesia católica se considera a sí misma un "sacramento", un "signo e instrumento de la unión íntima con Dios y de la unidad de todo el género humano", por cuanto ella misma se declara fundada por Cristo. Está compuesta por 23 iglesias *sui iuris* que se encuentran en completa comunión con el papa y que en conjunto reúnen a más de 1.200 millones de fieles. Se trata de una comunidad cristiana que se remonta a Jesús y a los doce apóstoles, a través de una sucesión apostólica nunca interrumpida, también compartida con la iglesia ortodoxa.

# La Septuaginta

La Biblia griega, comúnmente llamada *La Septuaginta* o *Biblia de los Setenta*, y generalmente abreviada simplemente *LXX*, fue traducida de textos hebreos y arameos más antiguos que las posteriores series de ediciones, que siglos más tarde fueron asentadas en la forma actual del texto hebreo-arameo del *Tanaj* o *Biblia hebrea*. Representa una síntesis en que se subraya el monoteísmo judío e israelita, así como el carácter universalista de su ética.

*La Septuaginta* en la época de Jesús fue el texto utilizado mayoritariamente por las comunidades judías de todo el mundo antiguo más allá de Judea, y luego por la iglesia cristiana primitiva, de habla y cultura griega. Junto con la *Biblia hebrea*, constituye la base y la fuente del Antiguo Testamento de la gran mayoría de las Biblias cristianas. De hecho, la partición, la clasificación, el orden y los nombres de los libros del

Viejo Testamento de las Biblias cristianas (cristianas ortodoxas en oriente, católicas y protestantes en occidente) no vienen del *Tanaj* o *Biblia hebrea*, sino que proviene de los códices judíos y cristianos de *La Septuaginta*.

El nombre de *Septuaginta*, se debe a que solía redondearse a 70 el número total de sus 72 presuntos traductores. La carta de Aristeas presenta como un hecho histórico una antigua versión de acuerdo con la cual, por instrucciones de Ptolomeo II Filadelfo (284-246 a.C.), monarca griego de Egipto, 72 sabios judíos enviados por el sumo sacerdote de Jerusalén, trabajaron por separado en la traducción de los textos sagrados del pueblo judío. Según la misma leyenda, la comparación del trabajo de todos reveló que los sabios habían coincidido en su trabajo de forma milagrosa.

## BIBLIA CATÓLICA Y BIBLIA PROTESTANTE

La Biblia tanto católica como protestante está conformada por el Antiguo Testamento y el Nuevo Testamento.

En el Concilio de Roma del año 382 d.C., bajo el pontificado del papa San Dámaso I, es cuando la iglesia católica instituyó el Canon Bíblico con la lista del Nuevo Testamento de San Atanasio y los libros del Antiguo Testamento de la Versión de los LXX (*Septuaginta* o *Setenta*). Esta versión fue traducida del griego al latín por San Jerónimo (*La Vulgata*) por encargo del mismo papa San Dámaso I, que en la práctica sería la primera Biblia en el sentido concreto y pleno de la palabra. Posteriormente los concilios regionales III de Hipona del año 393 d.C., III de Cartago del año 397 d.C. y IV de Cartago del año 419 d.C., en los cuales participó San Agustín, aprobaron definitivamente dicho canon. En el año 415 d.C. esta lista fue enviada por el papa San Inocencio I al obispo Exuperio de Tolosa (en la Galia, hoy Francia), donde aparece el Canon Bíblico con los 73 libros ya existentes. El concilio de Trento fijó el canon de la iglesia católica declarándolo dogma.

La Biblia católica es diferente a la Biblia protestante en cuatro aspectos fundamentales, es importante aclarar que, al decir, Biblia protestante, es referirse a la evangélica también, debido a que los protestantes están divididos en evangélicos, pentecostales, luteranos, anglicanos, metodistas, bautistas, calvinistas, adventistas, entre muchas otras denominaciones.

Las diferencias entre una Biblia católica y una protestante son:

- La Biblia cristiana protestante tiene 66 libros, 39 libros en el A.T. y 27 libros en el N.T.
- La Biblia cristiana católica tiene 73 libros, 46 libros en el A.T. (los protestantes no aceptan los libros de Judit, Tobías, Eclesiástico, Sabiduría, Macabeos I, Macabeos II y Baruc) y 27 libros en el N.T.
- Tanto la Biblia católica como la protestante poseen la misma cantidad de libros (27) en el N.T.
- La Biblia protestante llama a Dios "Jehová".
- La Biblia católica lo llama "Yahveh". (*YHWH*).
- La Biblia católica les agrega la santidad a los apóstoles, evangelistas, etc., como San Pedro, San Pablo, etc.
- La Biblia protestante no tiene al principio la aprobación de algún obispo, mientras la católica sí.

La Biblia protestante en el Antiguo Testamento tienen un total de treinta y nueve libros, esto debido a que no aceptan los siete libros que sí acepta el catolicismo.

La Biblia católica tienen siete libros más que las versiones protestantes, estos libros reciben el nombre de "deuterocanónicos" (segunda revisión) (1 y 2 Macabeos, Tobías, Judit, Baruc, Sabiduría, Eclesiástico y partes de Daniel y Ester) y los protestantes los llaman "apócrifos" (ocultos). El motivo es que Martín Lutero, en el momento de su separación de Roma, rechazó el "canon alejandrino" que contiene la lista de los 46 libros de la traducción de los "*Setenta o La Septuaginta*" (traducción al griego realizada en Alejandría de Egipto del hebreo al griego), adhiriéndose al "canon judío de Palestina o *Tanaj*" (los libros escritos en hebreo) que contiene 39 libros.

Martín Lutero eligió colocar en una sección de "apócrifos", entre el Antiguo y el Nuevo Testamento, los libros y los añadidos a los libros canónicos que se encuentran en la *Septuaginta* griega desde los años 280 y 30 a.C., pero no están en el texto Masorético hebreo. Lutero dejó su traducción en gran medida a Philipp Melanchthon y Justus Jonas, no incluyeron los siete libros de Judit, Tobías, Eclesiástico, Sabiduría, Macabeos I, Macabeos II y Baruc en la tabla de contenidos de su Antiguo Testamento del año 1.523, y se les dio el bien conocido título de "Apócrifos": Estos libros no se consideran iguales a las escrituras de acuerdo a los protestantes, pero son útiles y buenos de leer en la Biblia del año 1.534.

# LIBROS DEUTEROCANÓNICOS

Los "deuterocanónicos" son textos y pasajes del Antiguo Testamento de la Biblia católica que no están incluidos en el *Tanaj* judío hebreo-arameo, pero que sí se incluyen en la Biblia griega de los *LXX* o *Septuaginta* datada entre los años 280 y 30 a.C., el texto utilizado por las comunidades judías e israelitas de todo el mundo antiguo más allá de Judea, por Jesús y luego por la iglesia cristiana primitiva de habla y cultura griegas.

"Deuterocanónicos" significa segundo canon o segundo orden.

Los siete libros llamados deuterocanónicos en la Biblia católica son:

- Tobías
- Judit
- Baruc
- Eclesiástico
- Sabiduría
- Macabeos 1
- Macabeos 2

También se denominan deuterocanónicos a algunos libros del Nuevo Testamento que no fueron admitidos en el canon desde el primer momento, sino después de haberse disipado algunas dudas. Ellos son:

- Epístola o Carta a los hebreos
- Epístola o Carta de Santiago
- Segunda Epístola o Carta de Pedro
- Segunda Epístola o Carta de Juan
- Tercera Epístola o Carta de Juan
- Epístola o Carta de Judas
- Apocalipsis

# Versiones de la Biblia

Existen muchas versiones de la Biblia. Existen una gran diversidad de buenas traducciones hoy en día, unas versiones son más poéticas y conservadoras, otras tienen un lenguaje más comprensible y otras vienen con un lenguaje moderno; pero esto no significa que una Biblia diga algo diferente a la otra, esto debido a que conservan la doctrina de las Santas Escrituras. Algunas de las principales versiones son: la versión *Reina-Valera 1960*, la *King James*, la *Biblia Latinoamericana*, la *Biblia de Jerusalén*, la *Traducción de Cantera-Iglesias*, el *Libro del pueblo de Dios*, la *Biblia*, la *Nueva Biblia*, la *Traducción de Felipe Scío de San Miguel*, la *Biblia al Día*, la *Versión Moderna*, la *Versión Torres Amat*, la *Nueva Versión Internacional*, *Peshita Siríaca* en español, Biblia *Dios Habla Hoy*, la *Biblia de las Américas*, entre muchas otras.

Existen otras versiones de la Biblia como la de los Testigos de Jehová llamada *Traducción del Nuevo Mundo de las Santas Escrituras* (*NM* o *TNM*). Algunas denominaciones cristianas critican el hecho que los Testigos de Jehová manejen su propia versión de la Biblia, *Traducción del Nuevo Mundo de las Santas Escrituras*, pues presenta diferencias de traducción y omite algunos textos de las versiones más conocidas. La *New Catholic Encyclopedia* (la *Nueva Enciclopedia Católica*) dice sobre la edición con referencias de la Biblia TNM: "Tiene un impresionante aparato crítico. La obra es excelente excepto cuando el conocimiento científico entra en conflicto con las doctrinas aceptadas por el movimiento". Específicamente critica la traducción de *Kyrios* por "Jehová" en 237 ejemplos en el Nuevo Testamento, la traducción "esto significa" en vez de "es" en Mateo 26:26 y la inclusión en corchetes de la palabra "otras" en Colosenses 1:16-17; 11. Otra crítica tiene que ver con sus profecías fallidas, las cuales han sido citadas explícita o implícitamente en sus publicaciones, en particular las relacionadas con los años 1.914, 1.925, 1.928 y 1.975. En dichas ocasiones en que las profecías no se han cumplido, se han alterado doctrinas, o bien se ha justificado la falla mediante el término "revelaciones progresivas", que se interpretan como una conducción gradual de Dios a la comprensión más clara de la voluntad de sus seguidores. Hasta el año de 1.914 los Testigos de Jehová esperaban la Segunda Venida. Como ésta no se produjo, declararon que el término "parusía" en realidad significa "presencia" y no "llegada", que el Reino de Dios era espiritual y que el mundo estaba viviendo sus últimos días. Posteriormente, a través de publicaciones como *Millones que ahora viven no morirán jamás* y números de revistas, los años para el cumplimiento de esta profecía se fueron extendiendo cada vez en el tiempo, sin cumplirse en ninguno de los casos.

# PERÍODOS DE LA BIBLIA

Para una mayor comprensión en el estudio de la Biblia, sin importar si esta es católica o protestante, la Biblia la podríamos dividir en tres grandes períodos. A saber:

**Primer Período el Patriarcal:** Lo llamaremos el período Patriarcal, podríamos considerar nuestra religión en su nacimiento como algo muy familiar. Comprende desde Génesis 1 hasta Éxodo 20.

**Segundo Período el Mosaico:** Llamado así por las leyes entregadas a Moisés por parte de Dios, para que el pueblo de Israel se guiara por ellas. Ya la religión se convierte en este período en algo a nivel nacional. Este período abarca desde Éxodo 20 hasta el libro de Hechos 2.

**Tercer Período Cristiano:** Abarca desde el libro de Hechos 2 hasta el Apocalipsis. Nuestra religión pasa a ser Universal.

PARTE XIV

# ANTIGUO TESTAMENTO

## MARCO HISTÓRICO

El marco histórico del Antiguo Testamento lo podríamos dividir en tres grandes áreas. A saber:

1. La tierra del Antiguo Testamento.
2. Los pueblos del Antiguo Testamento
3. Las grandes etapas de la historia de Israel.

1. "La tierra del Antiguo Testamento" se puede decir que: La mayor parte de la historia bíblica se desarrolla en un reducido territorio del extremo oriental del Mar Mediterráneo, en la larga y estrecha franja de tierra entre el mar y los grandes desiertos de Siria y Arabia. A pesar de su aparente insignificancia, la región es punto de encuentro de tres continentes (Asia, África y Europa), y a lo largo de la historia, se ha visto convertida en un importante paso de civilizaciones. (Ver mapa 1).
2. "Los pueblos del Antiguo Testamento" podemos decir que: El pueblo de Israel no nació ni vivió aislado o al margen de los pueblos contemporáneos y vecinos. Por

eso hay que tener particularmente en cuenta tanto su relación natural con los pueblos vecinos, como el contacto con los grandes pueblos y civilizaciones del Antiguo Oriente próximo y medio que condicionarán decisivamente su historia: una historia vivida casi siempre en tensión hacia grandes focos, Mesopotamia y Egipto, que desde los dos extremos del creciente fértil buscarán extender su influjo y hegemonía.

3. "Las grandes etapas de la historia de Israel del Antiguo Testamento" vemos que: Esta área posee subdivisiones que se enumeran a continuación:
   a) Los orígenes de Israel
   b) La etapa de la monarquía
   c) División de Israel en Israel al norte y Judea al sur
   d) El éxito del pueblo judío en Babilonia
   e) La comunidad judía pos exilio (después de Babilonia)

# ORGANIZACIÓN

El Antiguo Testamento abre con una monumental obra literaria de cinco libros que, a partir del siglo II de nuestra era, recibe entre los griegos y latinos el nombre de "Pentateuco". Entre los judíos recibe el nombre de la *Torá*.

El nombre de Pentateuco proviene de dos palabras griegas *penta* "cinco" y *teucos* "libros", esto debido a que está compuesta de cinco libros: Génesis, Éxodo, Levítico, Números y Deuteronomio.

El nombre de "Torá" como llaman los judíos a estos cinco libros significa "Ley o Instrucción".[7]

El Antiguo Testamento de la Biblia católica está compuesto por cuarenta y seis libros en cuatro divisiones, se tomará como referencia la división de la Biblia católica por poseer los siete libros de Judit, Tobías, Eclesiástico, Sabiduría, Macabeos I, Macabeos II y Barú, llamados deuterocanónicos. Estos libros que no son incluidos en la Biblia protestante. A saber:

## Pentateuco

- Génesis 50 capítulos.
- Éxodo 40 capítulos.
- Levítico 27 capítulos.
- Números 36 capítulos.
- Deuteronomio 34 capítulos.

## Escritos Históricos: Historia Deuteronomista

- Josué 24 capítulos.
- Jueces 21 capítulos
- Primero de Samuel 31 capítulos.
- Segundo de Samuel 24 capítulos.
- Primero de Reyes 31 capítulos.
- Segundo de Reyes 25 capítulos.

## Historia Cronística

- Primera de Crónicas 29 capítulos.
- Segunda de Crónicas 36 capítulos.
- Esdras 10 capítulos.
- Nehemías 13 capítulos.

## HISTORIA DE LOS MACABEOS

- Primera de los Macabeos (Deuterocanónico) 16 capítulos.
- Segunda de los Macabeos (Deuterocanónico) 15 capítulos.

## HISTORIA EPISÓDICA O EJEMPLAR

- Rut 4 capítulos.
- Tobías (Deuterocanónico) 7 capítulos.
- Judit (Deuterocanónico) 16 capítulos.
- Ester 10 capítulos.

# ESCRITOS PROFÉTICOS

## PROFETAS MAYORES

- Isaías 66 capítulos.
- Jeremías 52 capítulos.
- Baruc (Deuterocanónico) 5 capítulos.
- Ezequiel 48 capítulos.
- Daniel 12 capítulos.

## PROFETAS MENORES

- Oseas 14 capítulos.
- Joel 3 capítulos.
- Amos 9 capítulos.
- Abdías 1 capítulos.
- Jonás 4 capítulos.
- Miqueas 7 capítulos.
- Nahúm 3 capítulos.
- Habacuc 3 capítulos.
- Sofonías 3 capítulos.
- Ageo 2 capítulos.
- Zacarías 14 capítulos.
- Malaquías 4 capítulos.

# OTROS ESCRITOS

## ESCRITOS POÉTICOS

- Salmos 150 capítulos.
- Cantar de cantares 8 capítulos.
- Lamentaciones 5 capítulos.

## ESCRITOS SAPIENCIALES

- Job 42 capítulos.
- Proverbios 31 capítulos.
- Eclesiastés 12 capítulos.
- Sabiduría (Deuterocanónico) 19 capítulos.
- Eclesiástico (Deuterocanónico) 51 capítulos.

# INTRODUCCIÓN DE CADA LIBRO

El libro de Génesis (comienzos), hace una narración de la relación de Dios con el hombre y la promesa de Dios a Abraham y sus descendientes.

El libro de Éxodo (salida) cuenta como Dios liberó a los israelitas de una vida de penurias y esclavitud en Egipto. Dios hizo un pacto con ellos y les dio leyes para ordenar y gobernar sus vidas.

El libro de Levítico (este nombre se deriva de una de las tribus de Israel), le da al pueblo de Israel todas las leyes y regulaciones concernientes a rituales y ceremonias.

El libro de Números cuenta la historia de los israelitas cuando vagaron por cuarenta años en el desierto antes de entrar a Canaán "la tierra prometida". El nombre del libro proviene de los censos tomados al pueblo de Israel durante ese tiempo en el desierto.

El libro de Deuteronomio trata sobre la vida de Moisés poco antes de morir. En este libro Moisés da tres discursos de despedida. En ellos repasó con el pueblo todas las leyes de Dios para los israelitas. El nombre del libro viene de ese repaso, por eso que la palabra Deuteronomio se deriva de dos palabras griegas, *deuteros*, que significa "segunda" y *nomos* "ley", es decir, "segunda ley".

El libro de Josué se refiere al mismo Josué como líder de los ejércitos israelitas en sus victorias contra los cananeos. El libro termina con la partición de la tierra entre las doce tribus.

El libro de Jueces se refiere a como el pueblo de Israel constantemente desobedecieron a Dios y caían en las manos de gobiernos opresores. Dios les enviaba jueces para librarlos de la opresión.

En el libro de Rut la trama principal es el amor y la dedicación de Rut a su suegra Noemí. Originalmente el libro de Rut formaba parte del libro de Jueces, pero en el año 450 d.C. fue separado para convertirse en un libro independiente.

El primer libro de Samuel trata de como él se convierte en un líder de Israel en el período entre el tiempo de los jueces y el tiempo de Saúl, primer rey de Israel. Cuando el liderazgo de Saúl falló, Samuel ungió a David como rey.

En el Segundo libro de Samuel bajo el reinado de David, la nación se hizo fuerte y unificada, pero después de los pecados de David de adulterio y asesinato, tanto la familia como la nación sufrieron por su culpa.

El primer libro de Reyes comienza con el reinado del rey Salomón en Israel, sus pecados al tener centenares de esposas y concubinas extranjeras, llevó a Israel después de su muerte a una gran guerra civil, el norte contra el sur, el resultado fue el nacimiento de dos naciones: Israel en el norte y Judá en el sur.

En el Segundo libro de Reyes, Israel fue conquistado por Asiria en el año 721 a.C. y Judá perdió su guerra contra Babilonia en el año 586 a.C. Estos eventos son vistos como castigos al pueblo judío por no haber seguido las leyes de Dios.

El primer libro de Crónicas comienza con la genealogía desde Adán hasta David, y luego recuenta los incidentes del reinado de David.

El Segundo libro de Crónicas cubre el mismo período de segunda de Reyes, pero con énfasis en Judá, el reino del sur y sus gobernantes.

El libro de Esdras trata como los judíos después de estar cautivos en Babilonia por algunas décadas, el pueblo de Dios regresa a Jerusalén. Uno de sus líderes es Esdras. Este libro contiene el reto que Esdras le hizo al pueblo a seguir y honrar la ley de Dios.

El libro de Nehemías cuenta que después que el templo fue reconstruido, la muralla protectora alrededor de Jerusalén también es rehecha. Nehemías fue quien dirigió esta empresa, él también trabajó con Esdras para restaurar el fervor religioso entre el pueblo.

El libro de Ester relata la historia de la reina de Persia quien era judía, y quien expuso un complot para destruir a sus compatriotas, y así, libró a todos los judíos en ese país de ser aniquilados.

El libro de Tobías es una historia familiar que trata de salvaguardar e inculcar los valores más genuinos y representativos del judaísmo pos exilio en continuidad con las tradiciones históricas, proféticas y sapienciales de Israel. (Libro deuterocanónico).

El libro de Judit donde ella es su protagonista emblemática, llamada la "judía", encarna las más destacadas virtudes de su pueblo y con ellas se enfrenta al prepotente agresor, convirtiéndose en mediadora decisiva de la salvación de Dios. (Libro deuterocanónico).

El Primer y Segundo libro de Macabeos se refieren a un solo acontecimiento. La insurrección macabea ante la nominación seleucida de Antíoco IV Epifanes y las luchas sucesivas de Judas Macabeo y sus hermanos por la libertad religiosa, cultural y política de los judíos. Si bien solo a Judas se le denomina macabeo (martillo), la tradición ha extendido el sobrenombre a sus hermanos y a los libros que cuentan sus gestas. (Libros deuterocanónicos).

El libro de Isaías es el primer libro profético de la Biblia. El profeta trajo el mensaje del juicio de Dios a las naciones, señaló un rey futuro como David y prometió una era de paz y tranquilidad.

El libro de Jeremías es el segundo libro profético de la Biblia. Jeremías anuncia que ya es demasiado tarde para evitar la disciplina de Dios, así que aceptadla y alejaos de vuestros pecados. Sin embargo, después de un período de castigo, Dios restaurará Judá. Predijo el justo juicio de Dios. Aunque su mensaje era mayormente de la destrucción, también habló del Nuevo Pacto de Dios.

El libro de Baruc es una ficción literaria cuyo libro manifiesta el interés por los desterrados durante la época del exilio judío. Baruc era el nombre del secretario de Jeremías, ahora bien, de todas las obras que se presentaron bajo el nombre de Baruc, solo ésta mereció entrar en el canon griego (por eso es uno de los libros deuterocanónicos).

El libro de Ezequiel es uno de los libros proféticos de la Biblia. Trata de un mensaje dado por Dios a los cautivos judíos en Babilonia. El uso, historias y parábolas para hablar del juicio, la esperanza y la restauración de Israel.

El libro de Daniel habla de cómo él se mantuvo fiel a Dios aun enfrentando muchas presiones como cautivo en Babilonia. Este libro incluye las visiones proféticas de Daniel.

El libro de Oseas usa la lección de su dedicación a su esposa, aun enfrentando su infidelidad. Para ilustrar el adulterio que Israel había cometido contra Dios y como el amor fiel de Dios por su pueblo nunca cambia.

El libro de Joel, cómo después de una plaga de langostas, Joel amonesta al pueblo a arrepentirse.

El libro de Amos cuenta cómo durante un tiempo de prosperidad, este profeta de Judea predicó a los ricos líderes de Israel acerca del juicio de Dios.

El libro de Abdías profetiza el juicio a Edom, un país vecino de Israel.

El libro de Jonás relata la renuencia de Jonás de cumplir la orden de Dios de predicar a la gente de Nínive, quienes eran enemigos de su propio país. Cuando finalmente les llevó el mensaje enviado por Dios, ellos se arrepintieron.

El libro de Miqueas es sobre un mensaje de juicio, a la vez perdón, esperanza y restauración al pueblo de Israel.

El libro de Nahúm anuncia que Dios destruirá el pueblo de Nínive por causa de su crueldad en la guerra.

El libro de Habuc presenta un diálogo entre Dios y Habuc sobre la justicia y el sufrimiento.

El libro de Sofonías anuncia el día del Señor que traería juicio a Judá y a las otras naciones vecinas. Ese futuro día uno de destrucción para muchos, pero un pequeño remanente siempre fiel a Dios sobrevivirá para bendecir al mundo.

El libro de Ageo habla que después que el pueblo de Israel volvió del exilio, Ageo les recordó darle a Dios la prioridad y reconstruir el templo antes que sus propias casas.

El libro de Zacarías al igual que Ageo, instó al pueblo de Israel a reconstruir el templo, asegurándoles la ayuda y bendiciones de Dios. Sus visiones apuntaban a un futuro brillante.

El libro de Malaquías cuenta que después del retorno del exilio, el pueblo llegó de nuevo a descuidarse de su vida religiosa. Malaquías trató de inspirarlos de nuevo hablándoles del día del Señor.

En el libro de Salmos hay ciento cincuenta himnos y oraciones que fueron usados por los hebreos para expresar su relación con Dios. Cubren todo el campo de emociones humanas, desde alegrías hasta furia, desde esperanza hasta desesperación.

El libro Cantar de Cantares es un poema que describe el gozo y el éxtasis del amor. Simbólicamente ha sido aplicado al amor de Dios por Israel y al amor de Cristo por la iglesia.

En el libro de Lamentaciones tal y como Jeremías habría predicho, Jerusalén cae cautiva bajo el dominio de Babilonia. Este libro registra cinco "lamentos" por la ciudad caída.

El libro de Job se hace la pregunta: ¿Por qué sufren los inocentes? Esta pregunta es tratada en esta historia de Job.

El libro de Proverbios es de dichos sabios, de enseñanzas éticas y de sentido común acerca de cómo vivir una vida recta y con sabiduría.

El libro de Eclesiastés trata de la búsqueda de la felicidad y del sentido de la vida. Este escritor conocido sólo como el "filósofo", hace preguntas que todavía están vigentes en la sociedad actual.

El libro del Eclesiástico, llamado así por el frecuente uso que se le hizo en las asambleas culturales *ekklesiai* de los primeros siglos cristianos. Es el único libro del Antiguo Testamento que lleva la firma de su autor "Jesús *Ben Sira*". Esta obra constituye el ejemplo más completo de la literatura "sapiencial judía" existente y tiene sorprendentes semejanzas con el libro de Proverbios. (Libro deuterocanónico).

El libro de Sabiduría es cronológicamente hablando el último del Antiguo Testamento. Con él nos situamos prácticamente en los umbrales del tiempo de Jesucristo. El hilo conductor es el tema de la justicia, introducido ya en la frase que abre el libro "amad la justicia los que gobernáis a la tierra". (Libro Deuterocanónico).

Parte XV

# Significado del sacrificio en el Antiguo Testamento

Antes de pasar a conocer el Nuevo Testamento, es muy importante conocer el significado del sacrificio animal en el Antiguo Testamento antes de la llegada de nuestro Señor Jesucristo.

## Holocausto

La palabra *Holocausto* es una palabra griega que significa "quemado entero para Dios". Se trata de un ritual muy antiguo, que ya era conocido fuera de Israel y que se realizaba en acción de gracias o para obtener un favor. Después del destierro de Israel por el desierto, comienza a ser utilizado para expiar por el pecado cometido a través de la imposición de las manos sobre la victima (cabra, becerro, ovejo, entre otros animales), un gesto en que el oferente (pecador), traspasa sus pecados a la víctima (Levíticos 16:21), mientras el aroma de la víctima aplaca la ira de Dios.

Los pobres que no podían dar en holocausto un becerro, cabra, entre otros, estaban autorizados a ofrecer el sacrificio de aves como tórtolas, o incluso la ofrenda vegetal. Ya que estos poseían el mismo valor de los animales cuando no se tenían los medios económicos (Levítico 1:14-17; 14:21-22; 27:8).

El "holocausto o sacrificio de expiación" recibe también el nombre de "sacrificio por el pecado". Su intención era establecer la comunión rota con Dios. El rito de expiación ponía al oferente (pecador) a cubierto de las consecuencias del pecado, otorgándole el perdón de Dios. La sangre del animal sacrificado expía por la vida, por los pecados cometidos inadvertidamente, no por los cometidos con premeditación.

# TIPOS DE OFRENDAS

Los israelitas tenían cinco ofrendas principales que hacían a Dios. A saber:

1. Holocausto, era voluntaria (Levítico 1).
2. Ofrenda vegetal, era voluntaria (Levítico 2).
3. Ofrenda por la paz, era voluntaria (Levítico 3).
4. Ofrenda por el pecado, era requerido (Levítico 4).
5. Ofrenda por la culpa, era requerida (Levítico 5).

# EL SACRIFICIO ANIMAL PARA LA EXPIACIÓN DEL PECADO

El sacrificio animal para la expiación del pecado, proviene cuando en el preciso momento en que Dios está sellando su alianza con Israel en la cima del monte Sinaí a través de Moisés, el pueblo rechaza a Dios en la falda del monte. La ausencia de Moisés por cuarenta días provoca un vacío y, el pueblo, se hace "un dios" en forma de "becerro" chapado en oro. El ídolo destrona al Señor. El hombre no aguanta el silencio de Dios, no acepta todavía a un Dios totalmente libre y se inventa uno a su medida para manipularlo a su antojo. Dios rechaza la actitud rebelde del pueblo, pero no renuncia a su proyecto: quiere hacer de Moisés un nuevo Abraham; por tal motivo, obliga al pueblo de Israel a presentar holocaustos de animales para el perdón o expiación de los pecados. Trágicamente, los israelitas transformaron ese pacto del Sinaí en un método legalista de salvación, o sea, de justificación por obras. Intentaron justificarse mediante sus propios esfuerzos inútiles, no aprovechando el método de fe que produce obediencia. (En la fe-obediencia, las obras y buenas acciones de la persona obediente no hacen que ella merezca la salvación, sino que son el resultado de una salvación otorgada y dada por Dios). Así, eventualmente Dios tuvo que pasar del Israel étnico al Israel espiritual para encontrar la cooperación que necesitaba para poner en marcha las provisiones y los beneficios del pacto eterno, que ahora se llama el Nuevo Pacto.

La sangre de estos animales no eliminaba en sí el pecado. En Romanos 8:3-4 el apóstol Pablo dice: "*Porque lo que era imposible para la ley, por cuanto era débil por la carne, Dios, enviando a su Hijo en semejanza de carne de pecado y a causa del pecado, condenó al pecado en la carne; para que la justicia de la ley se cumpliese en nosotros, que no andamos conforme a la carne, sino conforme al Espíritu*".

En los tiempos del Antiguo Testamento, se ofrecían constantemente sacrificios de animales en el templo. Los sacrificios mostraban a los israelitas la seriedad del pecado: la sangre debía esparcirse para que se recibiera el perdón (Levítico 17:11). Pero en verdad la sangre de los animales no podía quitar el pecado (Hebreos 10:4). Los sacrificios de animales representaban el futuro sacrificio de Cristo por nosotros en la cruz, que de esta forma pagó el castigo de todos los pecados.

# ELIMINACIÓN DEL SACRIFICIO ANIMAL

El Señor de la alianza es el Señor del derecho y la obediencia, no de los sacrificios y holocaustos. En Jeremías 7:22-24 Dios habla a través de su profeta: "*Porque no hablé yo con vuestros padres, ni nada les mandé acerca de holocaustos y de víctimas el día que los saqué de la tierra de Egipto. Más esto les mandé, diciendo: Escuchad mi voz, y seré a vosotros por Dios, y vosotros me seréis por pueblo; y andad en todo camino que os mande, para que os vaya bien. Y no oyeron ni inclinaron su oído; antes caminaron en sus propios consejos, en la dureza de su corazón malvado, y fueron hacia atrás y no hacia adelante*". Aquí Dios dice claramente que solamente debían "obedecerlo en todo", al fallarle el pueblo de Israel y crear su propio ídolo de oro en la figura de un becerro, Dios impuso la expiación de un animal para recordar la falta cometida en su contra.

Hubo muchas razones por las cuales Dios eliminó el pacto de la ley ceremonial que le entregó a Moisés y, muy especialmente, lo concerniente a los sacrificios y por la cual envió a su Único Hijo. Lo podemos ver en los siguientes pasajes:

- (1 Samuel 15:22-23): La obediencia es mucho mejor que el sacrifico.
- (Salmo 40:6-8): Dios no quiere holocaustos; quiere una vida de servicio.
- (Salmo 51:16-19): Dios no está interesado en la penitencia, quiere un corazón quebrantado y contrito.
- (Jeremías 7:21-23): No son ofrendas lo que Dios quiere; desea nuestra obediencia y nos promete que será nuestro Dios y nosotros seremos su pueblo.
- (Oseas 6:6): Dios no quiere sacrificios, quiere amor; no quiere ofrendas, quiere que lo conozcamos.

- (Amos 5:21-24): Dios aborrece el fingimiento y la hipocresía; quiere ver un diluvio de justicia.
- (Miqueas 6:6-8): Dios no se satisface con los sacrificios; quiere que seamos rectos, justos y misericordiosos, y que caminemos humildemente hacia Él.
- (Mateo 9:13): Dios no quiere ofrendas, quiere que seamos misericordiosos.

Con la muerte de nuestro Señor Jesucristo en la cruz y posterior resurrección, dejó sin efecto el sistema antiguo de sacrificios.

El siguiente cuadro nos lo demuestra:

| Sistema antiguo de sacrificio | Sistema nuevo de sacrificios |
|---|---|
| Era temporal | Es permanente |
| (Hebreos 8:13) | (Hebreos 7:21) |
| Aarón primer sumo sacerdote | Jesús el único Sumo Sacerdote |
| (Levítico 16:32) | (Hebreos 4:14) |
| De la tribu de Leví | De la tribu de Judá |
| (Hebreos 7:5) | (Hebreos 7:14) |
| Ministraba en la tierra | Ministra en el cielo |
| (Hebreos 8:4) | (Hebreos 8:1,2) |
| Usaba sangre de animales | Usa la sangre de Cristo |
| (Levítico 16:15) | (Hebreos 10:5) |
| Requería muchos sacrificios | Requiere solo un sacrificio |
| (Levítico 22:19) | (Hebreos 9:28) |
| Necesitaba animales perfectos | Necesita una vida perfecta |
| (Levítico 22:19) | (Hebreos 5:9) |
| Requería un acercamiento cuidadoso al tabernáculo | Alienta el acercamiento confiado al trono |
| (Hebreos 4:16) | (Levítico 16:2) |
| Esperaba un sistema nuevo | Deja de lado el sistema antiguo |
| (Hebreos 10:1) | (Hebreos 10:9) |

# PARTE XVI

# NUEVO PACTO

## PACTOS DE DIOS CON EL HOMBRE

Un Pacto es una obligación legal (promesa). A lo largo de la historia Dios ha hecho pactos con su pueblo. El cumpliría su Palabra si ellos mantenían la suya, en el último pacto estableció que, al morir Cristo por nuestros pecados en la cruz, eliminó todo el sistema antiguo de sacrificios.

Tanto en el Antiguo Testamento como en el Nuevo Testamento un tema sobresaliente es el pacto o alianza que es la base de la relación entre Dios e Israel, donde Dios promete ser su Dios con la condición de que ellos vivieran en fiel obediencia a Él (Génesis 15:1-21).

A continuación, vemos siete pactos que encontramos en la Biblia.

| Nombre y referencia | Promesa de Dios | Señal |
|---|---|---|
| En el Edén (Génesis 3:15) | Satanás y la humanidad serán enemigos | Dolor de parto |
| Noé (Génesis 9:8-17) | Dios nunca volvería a destruir la tierra con un diluvio | Arco iris |

| | | |
|---|---|---|
| Abraham (Genesis 15:12-21; 17:1-14)) | Los descendientes de Abraham llegarían a ser un gran nación si ellos obedecían a Dios. Dios sería su Dios de fuego | Horno humeando y antorcha de fuego |
| En el monte Sinaí (Éxodo 19:5-6) | Israel sería el pueblo escogido de Dios, una nación Santa, pero debería mantener su parte del pacto: obediencia | El Éxodo |
| El sacerdocio (Números 25:10-13) | Los descendientes de Aarón serían sacerdotes para siempre | El sacerdocio de Aarón |
| David (2 Samuel 7:13; 23:5) | La salvación vendría a través de la línea de David por medio del nacimiento del Mesías | La línea de David continuo, y el Mesías nació como descendiente de David |
| Nuevo Pacto (Hebreos 8:6-13) | El perdón y la salvación están disponibles por medio de la fe en Cristo. | La resurrección de Cristo |

# HISTORIA DEL NUEVO PACTO

Dios además de entregarle los Diez Mandamientos a Moisés en dos tablas de piedra y escritas por su propio dedo, también le dictó instrucciones precisas de normas y regulaciones que reglamentaban los servicios religiosos y civiles. Todas estas contenidas en los libros de Levítico, Números y Deuteronomio, conocida como la ley de Moisés.

La ley de Moisés o ley mosaica queda obsoleta y eliminada con el Nuevo Pacto de Dios al entregar a su Único Hijo para el perdón de nuestros pecados.

Para entender un poco este concepto del "Nuevo Pacto" es importante entender lo que Dios le ordenó a Moisés. Cuando Dios le entregó a Moisés los Diez Mandamientos (Éxodo 20:1-17) y le dictó las leyes que regulaban los servicios religiosos y civiles (Levítico, Números, Deuteronomio), conocida como la ley de Moisés, en ella explica los holocaustos o sacrificios que debían realizar los "pecadores" para limpiar sus faltas o pecados al violar alguno de los mandamientos. Debemos recordar que la violación de uno de los mandamientos es "pecado capital"; es decir, significa la muerte espiritual de la persona (Mateo 25:46). Dios en su infinita misericordia, acepta la sangre de un animal (porque la sangre significa vida), becerro, cabra, ovejo, etc., primogénito y de un año que, al ser sacrificado, sustituye nuestra sangre (Levítico 4:1-6, 5:17-19). Debido a que el pueblo de Israel junto con sus sacerdotes tergiversó con el tiempo estos sacrificios y ya no se hacían de verdadero arrepentimiento, de corazón, sino que fue convertido más en un acto ceremonial o ritual que de verdadera expiación por el pecado; Dios decidió realizar un "Nuevo Pacto" enviando a su Único Hijo, quien al morir en la cruz lavaba para siempre nuestros pecados, de tal manera que abolió la antigua ley de Moisés (Efesios 2:15).

Este "Nuevo Pacto" fue anunciado unos quinientos años antes de la llegada de Jesús por el profeta Jeremías (Jeremías 31:31-34, 32:38-40).

El Nuevo Testamento expone el "Nuevo Pacto que Dios ha hecho con su pueblo". Estas promesas se ven cumplidas con la obra redentora de Jesucristo; efectuada en su vida, muerte y resurrección.

La llegada de Jesús al mundo nos ayudó a entender en plenitud el mensaje de Dios. En Hebreos 1:1-2 el apóstol Pablo dice: "*Dios, habiendo hablado muchas veces y de muchas maneras en otro tiempo a los padres por los profetas, en estos postreros días nos ha hablado por el Hijo, a quien constituyó heredero de todo, y por quien asimismo hizo el universo*". Estas palabras de la Carta a los hebreos muestran que la revelación de Dios al pueblo de Israel en el Antiguo Testamento había quedado abierta a una manifestación más plena y definitiva. Aquella primera revelación realizada por medio de los profetas, ha culminado en la manifestación del Hijo después de una larga espera. En el Hijo, Dios nos ha revelado su rostro de Padre y su proyecto de amor sobre la humanidad.

Cuando pecamos y para restaurar nuestra comunión con Dios el apóstol Juan nos dice que debemos hacer. 1 Juan 1:9 nos dice: "*Si confesamos nuestros pecados, él es fiel y justo para perdonar nuestros pecados, y limpiarnos de toda maldad*".

PARTE XVII

# NUEVO TESTAMENTO

## ORGANIZACIÓN

Los escritos del Nuevo Testamento nacieron en una situación histórica muy concreta, su principal intención fue animar y consolidar la fe de las primeras comunidades cristianas que se habían extendido por las costas del Mediterráneo durante el segundo tercio del siglo I d.C. Por entonces, todas aquellas comunidades se encontraban en territorios pertenecientes al imperio romano, al cual también pertenecía Palestina que había sido el escenario de la vida de Jesús de Nazaret. Así pues, podemos decir que el contexto histórico del Nuevo Testamento está formado por dos círculos concéntricos: "el primero, el más cercano, es la historia del cristianismo naciente"; "el segundo, el más amplio, es el imperio romano, en cuyo seno nació el cristianismo".

Los libros del Nuevo Testamento no están en orden cronológico, es decir, los evangelios se escribieron después de casi todas las cartas del apóstol Pablo, cuyo ministerio evangelizador escrito comenzó en los últimos años de la década del cuarenta del siglo I (40-50 d.C.). La mayoría de sus cartas principales aparecen en la década del cincuenta del siglo I (50-60 d.C.). Estas cartas también sirven como una fuente de corroboración de la vida de Jesús y de los evangelios.

Hubo razones de peso para el orden actual de los 27 libros del Nuevo Testamento, el fundamento del orden actual parece haber sido el siguiente:

a) Los evangelios vienen primero porque son biografías de Jesús, el fundador de la religión cristiana, quien es la razón de que haya Nuevo Testamento.

b) El orden de Mateo, Marcos, Lucas y Juan probablemente corresponda al orden en que varios Padres de la iglesia creyeron que habían sido escritos, aunque a Mateo regularmente se le atribuía la autoría de un escrito en algún dialecto hebreo, probablemente menos desarrollado que un evangelio completo. Incluso si Marcos hubiera sido escrito primero, como la mayor parte de los eruditos modernos creen basados en buenas razones, Mateo bien podría haber sido colocado al principio por ser el más judío de los cuatro evangelios y tener el mayor número de vínculos con el Antiguo Testamento.

c) Hechos viene después, porque trata sobre la generación de los seguidores de Jesús inmediatamente después de su muerte y resurrección.

d) Luego vienen todas las epístolas agrupadas, empezando por las cartas de Pablo, el más influyente de todos los cristianos de la primera generación. Excepto cuando dos epístolas son adyacentes por ir dirigidas a las mismas personas, las cartas de Pablo están acomodadas en orden descendente en cuanto a su longitud. (Gálatas también trastorna el patrón, al ser sólo un poco más corta que Efesios). Primero vienen las cartas a las iglesias y luego las cartas a los individuos, cada una acomodada de acuerdo a este patrón. La autoría de Hebreos ha sido incierta desde su publicación. Debido a que algunos creían que era paulina y muchos otros que no, se colocó inmediatamente después de las cartas paulinas, y no se insertó donde debería haber ido, según su longitud, dentro de dicha colección. Las así llamadas Epístolas Generales aparentemente se colocaron en el orden de importancia que sus autores tenían en las primeras décadas del movimiento de Jesús. Aunque Pedro (el primer obispo de Roma en la década de los 60 d.C.) habría de eclipsar a Santiago (Jacobo) el Menor, a ojos de los cristianos Santiago (Jacobo) era el anciano guía de la joven madre iglesia en Jerusalén. Pedro lo seguía muy de cerca en un segundo lugar; tras él iban Juan (compañero de Pedro en varios contextos de Hechos) y, finalmente, Judas, el menos destacado de los cuatro. El orden exacto de los veintisiete libros no se acordó hasta que apareció la encíclica de Pascua de Atanasio en el año 367 d.C. Este canon fue ratificado formalmente hasta el año 393 d.C. por el Concilio de Hipona y en el año 397 d.C. por el Concilio de Cartagena. Aunque muchas de las pruebas de su antigüedad se han perdido para siempre, el proceso seguido hasta la culminación del canon puede discernirse al menos parcialmente. Las ramas heréticas del cristianismo de mitad del siglo II, principalmente el gnosticismo y el marcionismo (una doctrina que oponía el malvado Dios del Antiguo Testamento al amoroso Jesús de los cristianos), provocaron que los herederos más fieles de la tradición apostólica empezaran a hacer la lista de documentos que ellos consideraban inspirados y oficiales. La creciente persecución romana, particularmente en el tercer siglo, a veces implicaba que los cristianos tenían que decidir casi literalmente por cuáles libros estaban dispuestos a morir. Parece que nunca hubo ningún debate en torno a la aceptación de los cuatro evangelios, Hechos, las trece cartas con el nombre de Pablo en sus primeras líneas,

1 Pedro y 1 Juan. Varias preguntas se arremolinaban en torno a los otros siete libros que con el tiempo lograron entrar al Nuevo Testamento. ¿Escribió Pablo el libro de Hebreos o fue alguien más? ¿Contradice Santiago (Jacobo) el Menor a Pablo respecto al papel que juegan la fe y las obras? ¿Fue el libro Segundo de Pedro escrito originalmente por Pedro, dada la gran diferencia de estilo y contenido entre éste y el libro Primero de Pedro? ¿Eran las cartas 2 y 3 Juan y Judas lo suficientemente largos e importantes para merecer su inclusión? ¿Cómo debía interpretarse el Apocalipsis, después de todo? A pesar de estas preguntas, cada uno de los siete libros llegó a ser aceptado. El Canon Muratorio de finales del segundo siglo incluía 21 libros; el Tertuliano del tercer siglo, 22. Por la misma época, *Orígenes* menciona todos los 27, pero hace notar que seis están en disputa. A principios del siglo IV, Eusebio también enumera todos los 27 libros y cita las referencias de *Orígenes* a dudas acerca de algunos de ellos.[37]

# CANON DE LOS EVANGELIOS

Los Evangelios son los libros más leídos de toda la Biblia debido a que hablan de Jesús. En ellos encontramos los episodios más significativos de su vida y sus principales enseñanzas. Sin ellos, la memoria de Jesús habría quedado reducida a algunas informaciones esporádicas de los historiadores de la época, o vagos recuerdos conservados en el resto de la literatura cristiana. Sin embargo, los evangelios son algo más que una colección de noticias sobre Jesús. Los primeros discípulos que acogieron con gozo el mensaje de Jesús y lo fueron encarnando en sus vidas, transmitieron sus enseñanzas y el recuerdo de sus signos o milagros, no como quien transmite una información neutra, sino como quien ha encontrado un gran tesoro. Las palabras y la vida de Jesús no eran para ellos solo una "noticia", sino una "buena noticia".

Los cuatro evangelios se les denomina "Canónicos" de la palabra griega *canon* que significa "regla", "norma", "parámetro" y, que designa, los libros que se han aceptado como oficiales en la iglesia y que se incluyeron en el Nuevo Testamento. El Dr. Bruce Metzger quien fuera profesor del *Princeton Theological Seminary* y considerado como una autoridad máxima en esta materia dice: "La iglesia primitiva utilizó tres criterios para escoger los libros del Nuevo Testamento: Primero: Los libros deben tener autoridad apostólica; es decir, deben haber sido escritos por los apóstoles que fueron testigos oculares de lo que escribieron, o por seguidores directos de los apóstoles. Así en el caso de Marcos y Lucas, si bien no eran de los doce discípulos, la tradición temprana relata que Marcos era asistente del Apóstol Pedro y Lucas compañero de viaje del apóstol Pablo. Segundo: Se utiliza el criterio de conformidad con lo que se denominaba la regla de fe; es decir, ¿el documento es congruente con la tradición cristiana básica que la iglesia reconocía como normativa? Tercero: Se encuentra el criterio que evaluaba si un documento había tenido aceptación y uso continuos por toda la iglesia".[38]

No hay unanimidad acerca del momento en que estos evangelios se convirtieron en canónicos. La historia de la formación de esta "lista" se remonta aproximadamente al año 110 d.C., época de composición de un escrito judeocristiano primitivo conocido como "*Didaché* o Doctrina de los doce apóstoles", que ya parece hacer referencia al evangelio de Mateo. Otros testimonios, como el "Fragmento Muratoriano" hacia el año 170 d.C., o la obra *Adversus haereses* de Ireneo de Lyon hacia el año 185 d.C., parecen indicar que entre los años 150 y 200 d.C. existía ya cierta unanimidad sobre la inclusión en el canon de los cuatro evangelios mencionados. Su confirmación definitiva como canónicos, sin embargo, con la exclusión de los manuscritos conocidos como evangelios apócrifos, no se produjo hasta finales del siglo IV. La lista oficial de libros del Nuevo Testamento no se presentó con carácter dogmático hasta el "Concilio de Trento" (1.546).

El Nuevo Testamento en todas la Biblias tanto católicas como protestantes tienen un total de veintisiete libros, sin embargo, los protestantes a siete de los libros del Nuevo Testamento los llaman "deuterocanónicos" (Hebreos, Santiago, 2 Carta de Pedro, 2 y 3 Carta de Juan, Judas y Apocalipsis). Aunque hasta nuestros días católicos y protestantes están en desacuerdo sobre el canon del Antiguo Testamento, ambas ramas del cristianismo, junto con la ortodoxia oriental, concuerdan en el contenido del Nuevo Testamento. Durante dieciséis siglos no ha habido ninguna controversia significativa dentro del cristianismo con respecto a la extensión del canon del Nuevo Testamento. Los cristianos están en suelo firme al afirmar que estos veintisiete libros pertenecen al Nuevo Testamento y que otros escritos antiguos fueron excluidos por buenas razones.

## ORGANIZACIÓN FINAL

El Nuevo Testamento quedó conformado por 27 libros. A saber:

### EVANGELIOS

- Evangelio del apóstol Mateo 28 capítulos.
- Evangelio del evangelista Marcos 16 capítulos.
- Evangelio del evangelista Lucas 24 capítulos.
- Evangelio del apóstol Juan 21 capítulos.

## LUCAS

- Libro de Hechos 28 capítulos (Lucas).

## CARTAS PAULINAS

- Romanos 16 capítulos.
- 1 Corintios 16 capítulos.
- 2 Corintios 13 capítulos.
- Gálatas 6 capítulos.
- Efesios 6 capítulos.
- Filipenses 4 capítulos.
- Colosenses 4 capítulos.
- 1 Tesalonicenses 5 capítulos.
- 2 Tesalonicenses 3 capítulos.
- 1 Timoteo 6 capítulos.
- 2 Timoteo 4 capítulos.
- Tito 3 capítulos.
- Filemón 1 capítulo.
- Hebreos 13 capítulos.

## CARTAS DE OTROS APÓSTOLES

- Santiago 5 capítulos.
- 1 Pedro 5 capítulos.
- 2 Pedro 3 capítulos.
- 1 Juan 5 capítulos.
- 2 Juan 1 capítulo.
- 3 Juan 1 capítulo.
- Judas 1 capítulo.

## JUAN

- Libro de Apocalipsis o Revelaciones 22 capítulos.

# INTRODUCCIÓN DE CADA LIBRO

El Evangelio de Marcos es considerado el más antiguo, es un evangelio corto, conciso y lleno de acción. Su meta era profundizar la fe y la dedicación de los creyentes de la comunidad para quien escribía. Este evangelio fue escrito originalmente en latín, ya que estaba dirigido a la comunidad cristiana de Roma. Al evangelio de Marcos también se le podría conocer como el "Evangelio de los Doce", esto se debe a que en este evangelio Marcos nombra o deja entrever muy claramente a los doce discípulos. Los doce discípulos aparecen en 16 pasajes, más que los otros evangelios (Marcos 5:1-6; 6:53-54; 8:22; 9:30; 10:32; 11:1; 11:12; 11:15; 11:19-21; 11:27; 14:18; 14:22; 14:26-27; 14:32).

El evangelio del apóstol Mateo narra la historia de Jesús desde su nacimiento hasta la resurrección y pone énfasis especial en las enseñanzas del maestro. Este evangelio fue escrito originalmente en arameo, ya que estaba dirigido a la comunidad judeo-cristiana de Jerusalén y es el evangelio más largo de los cuatro, con 28 capítulos. El verdadero nombre del apóstol Mateo era Leví, él fue un recaudador de impuestos a quien Jesús llamó para que le siguiera como uno de sus discípulos A favor de esta atribución, suele mencionarse que es el único de los cuatro evangelios que llama a Leví por su segundo nombre Mateo, que siempre que lo cita dice "Mateo el publicano". También se considera que en su evangelio figuran 115 vocablos que no se hallan en los otros evangelios y tienen que ver con dinero, oro, plata, deudas, cuentas, cambios de dinero, etc., frases que estarían en la punta de la pluma de un ex publicano.

El evangelio de Lucas enfatiza que la salvación de todos nosotros está al alcance a través de Jesús. El evangelista lo hace describiendo a Jesús en contacto con la gente pobre, con los necesitados y con los que viven al margen de la sociedad. Este evangelio fue escrito originalmente en griego, ya que estaba dirigido a la comunidad cristiana judía de influencia helenista y a la comunidad no judía.

El Evangelio del apóstol Juan, por su forma se coloca al margen de los otros tres. Juan organiza su mensaje enfocándolo en siete señales que apuntan a Jesús como Hijo de Dios. Su estilo de escribir es reflexivo y lleno de imágenes y de figuras. Fue escrito originalmente en griego.

El apóstol Juan en su evangelio a los milagros los llama signos. Él solo nombra siete milagros o signos, cada signo o milagro va acompañado de largos discursos y diálogos de Jesús donde va explicando el sentido de cada uno. Los siete milagros o signos del evangelio de Juan son:

1. La gran novedad (Juan 2:1-4,42).
2. Jesús palabra que da vida (Juan 4:35; 5:47).
3. Jesús pan de vida (Juan 6:1-71).
4. Jesús luz y vida (Juan 7:1-8; 59).
5. Jesús luz que juzga al mundo (Juan 9:1-10; 42).
6. Victoria de la vida sobre la muerte (Juan 11:1-57).
7. La muerte, camino hacia la vida (Juan 12:1-50).

El libro de Hechos narra cuando Jesús se ausentó de sus discípulos y asciende al cielo y el Espíritu Santo vino a morar con ellos. Este libro fue escrito por el evangelista Lucas como complemento a su evangelio, y relata eventos claves en la historia y trabajo de la iglesia cristiana primitiva y cómo se propagó la fe en el mundo mediterráneo de entonces.

El libro de Hechos según Norman Perrin, E. Lohse, P. Vielhauer, O. Cullman sitúa a este libro en los años 80 d.C., debido a que ésta es la década en que se suele fechar el evangelio según Lucas, que lo precede. Sin embargo, el abanico datacional que puede encontrarse en la bibliografía acerca de este tema es muy amplia. La datación más tardía está limitada por la existencia del papiro P45, de la primera mitad del siglo III y por la mención que la *Epistula apostolorum* hace de este texto a mediados del siglo II. Autores como E. Schürer o F.C. Burkitt han sugerido que Hechos era posterior a las *Antigüedades judías* de Flavio Josefo, al señalar posibles dependencias de Hechos con respecto a la obra de Josefo. Esta teoría ha sido rebatida por autores como Adolf von Harnack, F.J. Foackes Jackson, W. Kümmel, G.W.H. Lampe y T.W. Manson. Algunos autores como B. Reicke, C. Vidal proponen fechas anteriores al año 70 d.C. o incluso al año 62 d.C., basándose en los siguientes datos:

a) El libro finaliza bruscamente con el comienzo de la cautividad de Pablo en Roma, hacia el año 60 d.C.

b) Aunque relata el martirio del diácono Esteban y del apóstol Santiago (Jacobo) el Mayor hijo de Zebedeo, no menciona el de Santiago (Jacobo) el Menor, que tuvo lugar en el año 62 d.C. y habría supuesto un argumento importante para retratar a los dirigentes judíos como enemigos del evangelio, exculpando a los romanos, en el mismo tono conciliador que el resto del libro.

c) No menciona la muerte de Pedro en las persecuciones de Nerón, en los años 62-64 d.C.

d) Tampoco relata la muerte del personaje más prominente del libro, Pablo de Tarso, también como mártir, en los años 60 d.C.

e) Presenta a los dirigentes judíos, especialmente a los saduceos, como enemigos, entre los que no se incluye de forma tan clara a los romanos, de modo similar al evangelio de Lucas. Esto no parece coherente con el ambiente de persecución romana contra el cristianismo que se inició con Nerón.

f) Tampoco se menciona, ni directa ni indirectamente, la destrucción del templo de Jerusalén en el año 70 d.C., que habría servido para reforzar la imagen de Jesús como hijo de Dios. El principal problema que presenta esta teoría, es que en Lucas 21 profetiza la destrucción de Jerusalén. Dado que se supone que la profecía está escrita después de finalizar la guerra en el año 70 d.C., suele situarse a Lucas después de esta fecha. Sin embargo, autores como C.C. Torrey y C.H. Dodd exponen que Lucas 21 no da ningún detalle histórico de la destrucción de Jerusalén, sino que toma todas las imágenes del Antiguo Testamento (Jeremías 21; Zacarías 12; 14; Esdras 9; Salmos 79; Ezequiel 40; 48; etc.)

Romanos es una importante carta del apóstol Pablo dirigida a los romanos, donde les escribe acerca de la vida en el Espíritu que es dada por la fe a los creyentes en Cristo. El apóstol les reitera la gran bondad de Dios y les declara que, a través de Jesucristo, Dios acepta y nos libera de nuestros pecados.

La Carta a los Romanos no fue escrita por el apóstol Pablo. Fue escrita por Tercio, Pablo solamente la dictó. (Romanos 16:22).

El capítulo 8 de Romanos es la mitad del Nuevo Testamento.

La Primera carta a los Corintios escrita por el apóstol Pablo trata específicamente los problemas que la iglesia en Corinto estaba enfrentando: disensión, inmoralidad, problemas de forma en la adoración pública y confusión acerca de los dones del Espíritu.

En la Segunda carta de Corintios, Pablo describe sobre su relación con la iglesia de Corinto y los efectos que algunos falsos profetas habían tenido en su ministerio.

En la Carta de Gálatas, el apóstol Pablo expone la libertad con respecto a la ley del creyente en Cristo. Pablo declara que es solo por la fe que todos los creyentes son reconciliados con Dios.

En la Carta a los Efesios, el tema central del apóstol Pablo es el propósito eterno de Dios de juntar muchas naciones y razas en la iglesia universal de Jesucristo.

En la Carta a los Filipenses, Pablo hace énfasis en el gozo que el creyente en Cristo encuentra en todas las situaciones de la vida, Pablo la escribió mientras estaba en la cárcel.

En la Carta a los Colosenses, el apóstol Pablo les dice a los creyentes en Colosas que pongan a un lado sus supersticiones y que pongan a Cristo en el centro de sus vidas.

En la Primera carta a los Tesalonicenses, Pablo da consejos a los cristianos de Tesalónica en cuanto del retorno de Jesús al mundo.

En la Segunda carta a los Tesalonicenses, el apóstol Pablo como en la primera carta, habla del retorno de Jesús al mundo; también trata de preparar a los creyentes para la venida del Señor.

La Primera carta a Timoteo por parte del apóstol Pablo, le da guías a este joven líder de la iglesia primitiva. Pablo le da consejos sobre adoración, el ministerio y las relaciones dentro de la iglesia.

La Segunda carta a Timoteo es la última carta escrita por el apóstol Pablo, en ella da un último reto de trabajo a sus compañeros.

En la Carta a Tito, quien se encontraba evangelizando en la isla de Creta, Pablo le aconseja como ayudar a los primeros cristianos de la isla.

En la Carta a Filemón, éste es instado a perdonar a su esclavo Onésimo. Este esclavo había tratado de escaparse de su amo Tito, pero Pablo lo insta a aceptarlo como un amigo en Cristo.

La Carta de Pablo a los Hebreos, se reta a los nuevos cristianos a ir más allá de los rituales y ceremonias tradicionales y, a darse cuenta, que en Cristo todos han encontrado su cumplimiento. Actualmente existe consenso entre los estudiosos bíblicos en cuanto a el título que tradicionalmente se le ha venido dando, "Carta de san Pablo a los hebreos", es erróneo, pues, según el punto de vista predominante en la actualidad, no fue escrita por Pablo de Tarso, no es una carta, sino más bien una homilía, y no está dirigida a los "hebreos", sino a comunidades cristianas en las que habría cierto número de conversos procedentes del judaísmo.

Santiago (Jacobo) el Menor en su carta aconseja a los creyentes a poner en práctica sus creencias, además, ofrece ideas prácticas de cómo vivir su fe.

La Primera carta del apóstol Pedro, fue escrita para confortar a los primeros cristianos, quienes estaban siendo perseguidos por causa de su fe.

En 1 Pedro 1:6-7 el apóstol Pedro dice: "*Nuestra fe tiene que ser probada como el oro el cual es probado con fuego*". Esto se debe a que el oro en la antigüedad era puesto por el artífice en una vasija grande. Debajo había un fuego. Al ir el calor de ese fuego derritiendo el oro, se convertía en metal líquido. Con el calor, las impurezas subían a la superficie. El artífice quitaba y descartaba todas las impurezas y avivaba el fuego. Este proceso era repetido varias veces hasta que el artífice lograra ver su rostro reflejado de manera clara sobre la superficie del metal (oro) líquido.

En la Segunda carta del apóstol Pedro, advierte a los creyentes sobre los falsos maestros, y los estimula a seguir leales a Dios.

En la Primera carta del apóstol Juan, éste explica verdades básicas acerca de la vida cristiana, con énfasis en el mandato de amarse unos a otros.

En la Segunda carta del apóstol Juan, la salutación está dirigida a "la señora escogida y sus hijos", en esta carta advierte a los creyentes sobre los falsos maestros.

La Tercera carta del apóstol Juan y en contraste con su Segunda carta, Juan habla de la necesidad de recibir a aquellos que predican en Cristo.

La Carta del apóstol Judas Tadeo, advierte a los creyentes en contra de la mala influencia de personas fuera de la hermandad de creyentes.

El libro de Apocalipsis o Revelaciones fue escrito por el apóstol Juan y es el último libro del Nuevo Testamento. Fue escrito para alentar a los creyentes, quienes estaban siendo perseguidos y para afirmar su fe en que Dios cuidara de ellos. Usando símbolos y visiones, el escritor ilustra el triunfo del bien sobre el mal y la creación de una tierra nueva y un cielo nuevo. Históricamente se sabe que el Apocalipsis o Revelaciones fue escrito a finales del siglo I o principios del siglo II. Este libro es escrito cuando las persecuciones romanas contra los cristianos se hicieron más cruentas, en tiempos del emperador Domiciano (que fue césar del imperio romano a fines del siglo I), y la separación entre judíos y cristianos es casi completa, por tal motivo se data el libro de Apocalipsis para los años 90 d.C.

La palabra Apocalipsis es una palabra griega que significa "acción de descubrir". Aunque se corresponde a revelación, no hay en la palabra griega ninguna idea de "quitar el velo" o "retirar un velo", que si hay en la palabra latina. Este vocablo expresa la acción del verbo (descubrir, quitar la cobertura, poner al descubierto), formado por el prefijo "apo" (desde, a partir de, idea de alejamiento), equivalente por origen al latino "ab" y el verbo (ocultar, mantener cubierto). El Apocalipsis del apóstol Juan consiste en un libro profético que se supone que pone al descubierto un futuro oculto o desconocido: el juicio final o el final de los tiempos, de ahí su nombre.

# COMPRENSIÓN DEL LIBRO DE APOCALIPSIS

El Apocalipsis es un libro complejo que ha frustrado a los intérpretes durante siglos, podemos evitar gran parte de la confusión si comprendemos la estructura literaria del libro. Esto nos permitirá entender las escenas individuales que son parte de la estructura total del Apocalipsis y nos libra de estancarnos en los detalles de cada visión. Juan da pistas a través del libro que indican un cambio de escena, un cambio de tema o una mirada rápida a una escena anterior. A continuación, un viaje a través del libro del Apocalipsis:

Capítulo 1: El apóstol Juan relata las circunstancias que lo condujeron a escribir este libro (1:1-20).

Capítulos 2 y 3: Jesucristo da mensajes especiales a las siete iglesias de Asia Menor (2:1; 3:22).

Capítulo 4: Juan es trasladado al cielo donde tiene una visión del Dios Todopoderoso en su trono. Todos los discípulos de Cristo y los ángeles celestiales lo están adorando (4:1-11).

Capítulo 5: Juan ve como Dios entrega un rollo con siete sellos al Cordero inmolado, Jesucristo (5:1-14).

Capítulo 6: Al ser abiertos los cuatro primeros sellos, aparecen jinetes que montan caballos de diversos colores, y dejan a su paso guerra, hambre, enfermedad y muerte (6:1-8). Después que se abre el quinto sello, Juan ve en el cielo a los que habían sido martirizados por su fidelidad a Jesucristo (6:9-11). Un juego de imágenes contrastantes aparece al abrir el sexto sello. De un lado hay un gigantesco terremoto, las estrellas caen del cielo y los cielos se enrollan como si fuera un pergamino (6:12-17).

Capítulo 7: Al otro lado, hay multitudes delante del gran trono, adorando y alabando a Dios y al Cordero (7:1-17).

Capítulo 8: Más adelante, se abre el séptimo sello (8:1-5), descubriendo una serie de juicios de Dios, anunciados por siete ángeles con siete trompetas. Los cuatro primeros ángeles traen granizo, fuego, un volcán y una estrella fugaz, y se oscurecen el sol y la luna (8:6-13).

Capítulo 9: La quinta trompeta anuncia la venida de las langostas con poder de aguijonear (9:1-12). La sexta trompeta proclama la venida de un ejército de guerreros a caballo (9:13-21).

Capítulo 10: A Juan se le da un pequeño rollo para comer (10:1-11).

Capítulo 11: A continuación, a Juan se le ordena medir el templo de Dios (11:1-2). Ve dos testigos que anuncian el juicio de Dios sobre la tierra durante tres años y medio (11:3-14).

Capítulos 11:15 al Capítulo 13:18: Por último, suena la séptima trompeta, que llama a las fuerzas rivales del bien y del mal para la batalla final. De un lado está Satanás y sus fuerzas, del otro lado esta Jesucristo con su ejército (11:15-13:18).

Capítulo 14: En medio de ese llamado a la batalla, Juan ve a tres ángeles que anuncian el juicio final (14:6-13). Dos ángeles empiezan a recoger esa cosecha del juicio sobre la tierra (14:14-20).

Capítulo 15 al Capítulo 16: Inmediatamente después de estos dos ángeles, aparecen siete más que derraman el juicio de Dios sobre la tierra usando sus copas (15:1-16:21).

Capítulo 17: Uno de esos ángeles del grupo de siete le revela a Juan una visión de una gran ramera llamada Babilonia (que simboliza al imperio romano) montada en una bestia escarlata (17:1-18).

Capítulo 18: Derrota de Babilonia (18:1-24).

Capítulo 19: Multitud gritando a viva voz en el cielo alabando a Dios por su victoria poderosa (19:1-21).

Capítulo 20: El encarcelamiento de Satanás durante mil años (20:1-10), el juicio final (20:11-15).

Capítulo 21 y Capítulo 22: La creación de una tierra nueva y una nueva Jerusalén (21:1-22:6). Luego un ángel le da a Juan instrucciones finales respecto a las visiones que ha contemplado y lo que debe hacer una vez que las haya escrito (22:7-11). Apocalipsis concluye con la promesa de la pronta venida de Cristo, una oferta para beber del agua de la vida que corre a través de la calle principal de la nueva Jerusalén y una advertencia a los que leen el libro (22:12-21). "*El que da testimonio de estas cosas dice: Ciertamente vengo en breve. Amén; sí, ven, Señor Jesús*" (22:20).

# Cómo nacen los evangelios

Los cristianos de la iglesia primitiva, preferían transmitir la Palabra de Jesús de la manera oral tradicional, inclusive, mucho después de haber sido escritos los evangelios.[39]

Los rabinos de la época de Jesús eran famosos por memorizar completamente el Antiguo Testamento o Sagradas Escrituras.[40]

Entre el ochenta y noventa por ciento de las palabras de Jesús estaban en forma poética, esto no quiere decir que se trata de un material que rima, sino, que tiene una métrica, con frases equilibradas, paralelismos, entre otras, y esto debe haber sido una gran ayuda para la memoria o tradición oral.[41]

La razón principal por la que los discípulos de Jesús recordarán sin problema todas sus enseñanzas, se debió a que en la cultura judía era costumbre que un estudiante (discípulo) judío memorizara la enseñanza del rabí (maestro). El erudito C.F. Burney de la Biblia Anglicana en *The Poetry of our Lord* (*La poesía de nuestro Señor*), dice: "Podemos dar por sentado que gran parte de la enseñanza del Señor está en la forma poética aramea, haciendo más fácil la memorización".[42]

Además de memorizar las enseñanzas de Jesús a través de la poesía aramea, el Señor les dedicó durante su ministerio mucho tiempo en privado para enseñar a través de métodos sencillos con parábolas e ilustraciones su evangelización. Les dedicó una atención especial, explicándoles el sentido de sus palabras y ayudándoles a profundizar en su mensaje. En Marcos 9:30-31 el evangelista dice: "*Y habiendo salido de allí, caminaron por Galilea; y no quería que nadie lo supiese. Porque enseñaba a sus discípulos, y les decía: El Hijo del hombre será entregado en manos de hombres, y le matarán; mas muerto él, resucitará al tercer día*".

Los primeros judíos cristianos como provenían de la comunidad judía, heredaron de estos el Antiguo Testamento, llamado simplemente "Las Escrituras o Palabra de Dios", lo tenían como su Biblia desde los comienzos de la iglesia cristiana (Lucas 8:21; Mateo 21:42).

El mensaje del evangelio de Jesús, está profundamente arraigado en el Antiguo Testamento.

Jesús no escribió sus enseñanzas, tampoco sus discípulos fueron tomando nota de las enseñanzas y signos (milagros) que Jesús realizaba, sin embargo, el origen de los evangelios se encuentra en Jesús y en el grupo de los discípulos que lo acompañaban. Las palabras y los milagros de Jesús despertaban la admiración de la gente (Mateo 4:24; Marcos 1:28). Sus enseñanzas eran fáciles de recordar, hablaban de realidades concretas (parábolas), las cuales Jesús repetía utilizando esquemas muy sencillos. Lo mismo ocurría con los gestos que realizaba; casi siempre tenían un significado concreto: La liberación (curaciones), la purificación (expulsión de los mercaderes del templo). Estos milagros y enseñanzas de Jesús quedaron especialmente grabados en las mentes y el corazón del pequeño grupo de discípulos que Él había escogido y lo acompañaban a todas partes. Jesús los había reunido para que estuvieran con Él, y para enviarlos a predicar (Marcos 3:14). A ellos dedicó una atención especial explicándoles el sentido de sus palabras y ayudándoles a profundizar en su mensaje (Marcos 4:34; 9:30-31). La vida de Jesús terminó trágicamente. La cruz parecía el final; pero no fue así. Sus discípulos lo vieron después de morir. Había resucitado. Fue una experiencia que les hizo recordar con una luz nueva todo el camino que habían hecho junto a Jesús. Sus palabras y sus signos fueron adquiriendo poco a poco un sentido más profundo, más auténtico. Eran las palabras y los signos del Hijo de Dios.

Hubo una segunda etapa que fue la transmisión de los recuerdos sobre Jesús en las comunidades cristianas. La resurrección de Jesús era un acontecimiento que no podía quedar silenciado. Los discípulos se sienten impulsados a dar testimonio de esta buena noticia. Salen a las plazas (Hechos 2:14-41), van por los caminos (Hechos 8:4), y llegan a nuevas ciudades (Hechos 11:19-30). Como fruto del anuncio de esta "buena noticia", comienzan a surgir pequeñas comunidades cristianas en las que se acoge, se vive y se celebra la resurrección de Jesucristo. Fue en estas comunidades donde se conservaron y transmitieron los recuerdos que tenemos en los evangelios.

Hubo una tercera etapa, la redacción de los evangelios. Con el paso del tiempo, la situación de las comunidades cristianas fue cambiando. Para el último tercio del siglo I (70-100 d.C.), han muerto ya muchos de los que habían sido testigos oculares de la vida de Jesús; además, la iglesia se ha separado del judaísmo. Algunas comunidades viven una tensa relación con los judíos (como las comunidades donde predican Mateo y Juan), mientras que otras miran hacia el horizonte del imperio romano (Marcos y Lucas). En muchas de ellas aparece la rutina y el cansancio. Es una nueva situación en la que se hace necesario volver la mirada hacia Jesús. Fue precisamente en esta época cuando se escribieron los evangelios; es decir, la tradición oral evangélica empieza a ponerse por escrito para el año 46 d.C.

El evangelio de Marcos es una invitación a descubrir el auténtico rostro de Jesús. Marcos nos lleva a realizar un recorrido junto a Él hasta el camino que conduce hasta la cruz, y después de ella hasta la resurrección. "*¿Quién dice la gente que soy yo? ...Y vosotros ¿quién decís que soy?*" (Marcos 8:27-30).

El apóstol Mateo compuso un evangelio que por su carácter catequético y por haber integrado diversos puntos de vista que existían entre los mismos cristianos, fue el más leído y comentado en los primeros siglos de la iglesia.

El evangelio de Lucas es el de la misericordia en el que la buena noticia de la salvación se ofrece a todos los que, como el hijo prodigo, se creen indignos de tan magnífico don; buena noticia para los hombres cansados y agobiados, abatidos y abrumados de todos los tiempos.

En el evangelio del apóstol Juan la divinidad y encarnación aparecen, así como dos caras de un mismo misterio. El mismo prólogo del evangelio lo expresa magníficamente cuando dice: "Y aquel (Verbo-Palabra) fue hecho carne, y habitó entre nosotros...".

Los apóstoles fueron personas de una integridad total. El Dr. Craig Blomberg distinguido profesor del Nuevo Testamento en el Seminario Denver, EEUU, dice de los apóstoles: "Los apóstoles eran gente de integridad completa. Los vemos relatando las palabras y las acciones de hombre (Jesús) que los llamó a un nivel de integridad exigente como el que ninguna religión a conocido jamás. Ellos estaban dispuestos a practicar sus creencias hasta el punto que diez de los once discípulos restantes fueron condenados a muertes espantosas, lo cual demuestra un gran carácter; en cuanto a honestidad, en cuanto a veracidad, en cuanto a su virtud y moral, esta gente tenía antecedentes envidiables".[43]

Los evangelios mantienen una coherencia total de sus historias. El Dr. Simon Greenleaf (1.783-1.853) profesor de la Facultad de Derecho de Harvard, USA, una de las figuras legales más importante de la historia, autor de un importante tratado sobre la evidencia. Después de estudiar la coherencia existente entre los cuatro escritores de los evangelios, ofreció la siguiente evaluación: "Hay suficiente discrepancia como para demostrar que no pudo haber existido un previo acuerdo entre ellos; al mismo tiempo hay tal concordancia substancial como para demostrar que todos eran narradores independientes de la misma gran transacción".[44]

De los cuatro escritores de los evangelios, Mateo y Juan fueron discípulos directos de Jesús, siendo Juan uno de los tres discípulos más cercanos de Jesús junto con su hermano Santiago (Jacobo) el Mayor, hijo de Zebedeo y Simón Pedro. El mismo Juan dice ser el discípulo amado del Señor (Juan 21:20).

El evangelista Marcos no fue discípulo directo de Jesús, pero fue discípulo y asistente del apóstol Pedro en Roma y, de él, recogió directamente todas las enseñanzas y recuerdos de Jesús.

El evangelista Lucas tampoco fue discípulo directo de Jesús, pero fue discípulo y asistente del apóstol Pablo. A pesar de que Pablo tampoco fue discípulo directo de Jesús ni lo conoció durante su ministerio y vida terrenal, tuvo un encuentro directo con el Señor camino a Damasco (Hechos 9:1-9). Pablo fue el apóstol que más extendió el evangelio por todo el imperio romano con sus cuatro extensos viajes, acompañado siempre por su fiel y siempre compañero Lucas.

Lucas no era judío, fue un gentil (no judío), convertido al cristianismo, así se refiere de él el apóstol Pablo en Colosenses 4:11, tenía como profesión ser médico y compañero leal y fiel del apóstol Pablo (Colosenses 4:14). Lucas también le dio apoyo constante a Pablo las veces que estuvo preso y enfermo. A pesar de ser Lucas de profesión médico fue tan preciso en sus escritos, tanto en el evangelio de su autoría como en el libro de Hechos que es considerado no solo por los eruditos de la Biblia como un gran historiador, sino también, por arqueólogos e historiadores. Esto debido a que ambos, Pablo y Lucas, realizaron extensas investigaciones tanto a los discípulos directos de Jesús (Gálatas 1:18-20) como testigos de los milagros de Jesucristo antes y después de su resurrección (1 Corintios 15:1-8).

Los evangelios de Mateo, Marcos y Lucas son llamados "Evangelios Sinópticos". Sinóptico significa "ver al mismo tiempo", pues su enfoque y contenido son similares entre sí, aun cuando cada uno tiene su punto de vista o perspectiva especial, porque pueden ser leídos en paralelo "*syn* = juntamente; *opsis* = visión", como versiones diversas de una misma tradición.

Existe una estrecha relación entre los tres evangelios sinópticos (Marcos, Mateo y Lucas), de los 662 versículos que componen el evangelio de Marcos, 406 son comunes tanto con Mateo como con Lucas, 145 sólo con Mateo y 60 sólo con Lucas. Únicamente 51 versículos de Marcos no tienen paralelo en ninguno de los otros dos sinópticos.

**Los evangelios son exactos.** Los escritores del Nuevo Testamento se preocuparon sobremaneramente de que la información sobre Jesús fuera exacta como veremos a continuación:

- (Lucas 1:1-4): el evangelista dice: "*Puesto que ya muchos han tratado de poner en orden la historia de las cosas que entre nosotros han sido ciertísimas, tal como nos lo enseñaron los que desde el principio lo vieron con sus ojos, y fueron ministros de la palabra, me ha parecido también a mí, después de haber investigado con diligencia todas las cosas desde su origen, escribírtelas por orden, oh excelentísimo Teófilo, para que conozcas bien la verdad de las cosas en las cuales has sido instruido*".
- (2 Pedro 1:16): el apóstol dice: "*Porque no os hemos dado a conocer el poder y la venida de nuestro Señor Jesucristo siguiendo fábulas artificiosas, sino como habiendo visto con nuestros propios ojos su majestad*".

- (Juan 19:35): el apóstol dice: "*Y el que lo vio da testimonio, y su testimonio es verdadero; y él sabe que dice verdad, para que vosotros también creáis*".
- (Juan 21:24-25): el apóstol dice: "*Este es el discípulo que da testimonio de estas cosas, y escribió estas cosas; y sabemos que su testimonio es verdadero. Y hay también otras muchas cosas que hizo Jesús, las cuales, si se escribieran una por una, pienso que ni aun en el mundo cabrían los libros que se habrían de escribir. Amén*".
- (1 Juan 1:1-3): el apóstol dice: "*Lo que era desde el principio, lo que hemos oído, lo que hemos visto con nuestros ojos, lo que hemos contemplado, y palparon nuestras manos tocantes al Verbo de vida, (porque la vida fue manifestada, y la hemos visto, y testificamos, y os anunciamos la vida eterna, la cual estaba con el Padre, y se nos manifestó); lo que hemos visto y oído, eso os anunciamos, para que también vosotros tengáis comunión con nosotros; y nuestra comunión verdaderamente es con el Padre, y con su Hijo Jesucristo*".
- (Hechos 1:1-3): el evangelista Lucas dice: "*En el primer tratado, oh Teófilo, hablé acerca de todas las cosas que Jesús comenzó a hacer y a enseñar, hasta el día en que fue recibido arriba, después de haber dado mandamientos por el Espíritu Santo a los apóstoles que había escogido; a quienes también, después de haber padecido, se presentó vivo con muchas pruebas indubitables, apareciéndoseles durante cuarenta días y hablándoles acerca del reino de Dios*".
- (Hechos 4:20): el evangelista Lucas dice: "*Porque no podemos dejar de decir lo que hemos visto y oído*".

Los cuatro evangelios comienzan en general con Juan el Bautista, y terminan con las apariciones de Jesús después de la resurrección, siendo éste, el rango o extensión de la historia. Las narrativas de la infancia de Jesús por parte de Mateo y Lucas, como el prólogo de Juan, son preámbulos de la historia como tradicionalmente se decía. El apóstol Pedro hace un resumen con estos mismos parámetros en (Hechos 10:36-46).

## ENFOQUE DE CADA EVANGELIO

Los cuatro evangelios presentan la vida y enseñanzas de Jesús, sin embargo, cada libro enfoca una faceta única de Jesucristo y su carácter. A saber:

| | Mateo | Marcos | Lucas | Juan |
|---|---|---|---|---|
| Jesús es: | El Rey prometido | El Siervo de Dios | El Hijo del Hombre | El Hijo de Dios |
| Lectores originales | Judíos | Gentiles, romanos | Griegos | Cristianos de todo el mundo |
| Tema sobresaliente | Jesús es el Mesías porque cumple las profecías del Antiguo Testamento | Jesús respalda su palabra con acciones | Jesús es Dios, pero también es hombre | Es necesario creer en Jesús para ser salvo |
| Carácter del escritor | Maestro | Cronista | Historiador | Teólogo |
| El mayor énfasis es en: | Sermones y palabras de Jesús | Milagros y acciones de Jesús | La humanidad de Jesús | Los principios de la enseñanza de Jesús |

## NOMBRES OMITIDOS EN LOS EVANGELIOS

En varios pasajes de la "Pasión de Cristo" los nombres de personajes importantes son omitidos a propósito. Esta omisión de nombres en los evangelios de los apóstoles Marcos, Mateo y Lucas; es decir, en los evangelios sinópticos, tiene una hipótesis explicativa. El escritor investigador Gerd Theissen argumenta que el evangelio de Marcos, el cual fue primero y escrito en los años (50-60 d.C.), les da a estos personajes una protección de anonimato para salvaguardarlos de los acontecimientos sucedidos durante la Pasión de Cristo; él dice: "Si estamos en lo correcto de la hipótesis de la protección del anonimato, la localidad de la tradición de la Pasión no tendría error. Solamente en Jerusalén habría alguna razón para cubrir con una capa de anonimato a seguidores de Jesús que se habrían puesto en peligro ellos mismos por sus acciones. La fecha debemos también tomarla en cuenta: partes de la narrativa de la Pasión, debieron haber sido compuestas dentro de la generación de los testigos directos y sus contemporáneos, la cual debió ser entre los años (30-60 d.C.)". Algunos de estos personajes que se omiten se encuentran en los siguientes pasajes:

- La mujer que unge a Jesús (Mateo 26:7; Marcos 14:3).
- El hombre que blande la espada (Mateo 26:51; Marcos 14:47; Lucas 22:50).
- El siervo del sumo sacerdote (Mateo 26:51; Marcos 14:47; Lucas 22:50).

Estos personajes como otros de menor relevancia, son protegidos debido a que sus hechos eran causa de juicio y probable lapidación; "la mujer que unge a Jesús, por su aceptación de que Jesús era el Mesías; el que saca la espada y hiere al siervo del sumo sacerdote, por su intención de matar a este; el no nombrar al siervo, para evitar mayor roce entre la comunidad judía y la cristiana". Debemos recordar que fue una época muy complicada para los seguidores de Jesús y para la época que fue escrito el evangelio de Marcos, Mateo y Lucas, todavía estos personajes vivían.[45]

En el Evangelio de Juan, estos personajes si son nombrados como veremos a continuación:

- La mujer que unge a Jesús es María la hermana de Marta y de Lázaro (Juan 12:3).
- El hombre que saca la espada es Simón Pedro (Juan 18:10).
- El siervo del sumo sacerdote es Malco (Juan 18:10).

Esto debido a que para la fecha que fue escrito el evangelio de Juan (90-100 d.C.); ya estos personajes habían muerto o ya no corrían peligro de ser enjuiciados por el Sanedrín, porque éste había desaparecido en el año 70 d.C. con la destrucción de Jerusalén y el templo.[46]

Otro ejemplo de protección por anonimato, fue el de Lázaro. La resurrección de Lázaro no aparece en ninguno de los evangelios sinópticos, ya que este hecho fue muy conocido y temido por los sacerdotes judíos; sin embargo, el evangelio de Juan no solo cuenta su historia (Juan 11:38-44), sino, que también habla de cómo los sacerdotes planificaron un complot para asesinarlo (Juan 12:9-11).[47]

# EVANGELIOS APÓCRIFOS O EXTRA CANÓNICOS

Los "Evangelios apócrifos o extra canónicos" es el nombre dado a escritos surgidos en los primeros siglos del cristianismo en torno a la figura de Jesús de Nazaret que no fueron incluidos posteriormente en el canon de la iglesia católica, ni fueron aceptados tampoco por otras iglesias cristianas históricas (ortodoxa, comunión e iglesias protestantes). Entre esos escritos se encuentran los Manuscritos de Nag Hammadi. En general, el término "apócrifo" deriva del verbo griego *apokrypto* (esconder, poner aparte). Con él se califican una cantidad de libros que las iglesias cristianas de los primeros siglos no reconocieron como parte de la Sagrada Escritura, pero que se presentan con nombres o características que los hacen aparecer como si fueran libros canónicos.

## DATOS CURIOSOS

El Nuevo Testamento tuvo un total de 8 escritores: Mateo, Marcos, Lucas, Juan, Pablo, Pedro, Santiago (Jacobo) el Menor y Judas Tadeo

El Nuevo Testamento solo tiene 2 libros que son: Apocalipsis y Hechos de los apóstoles ya que los otros son evangelios y epístolas.

El apóstol Juan ni en su Evangelio, ni en sus 3 cartas, ni en Apocalipsis, se menciona a sí mismo por su nombre, sino usa palabras como: "el discípulo al que Jesús amó", "El Anciano", "Siervo", "Profeta", "Presbítero".

El autor que contribuyó con más libros en el Nuevo Testamento fue el apóstol Pablo. Él escribió un total de catorce libros (más de la mitad) del Nuevo Testamento.

El apóstol Pablo escribió 100 capítulos, que contienen 2.325 versículos.

El apóstol Pablo escribió unas 14 epístolas y todas las cartas del apóstol al finalizar lo hacen con la palabra Amén.

El apóstol Pedro escribió 8 capítulos que se dividen en 166 versículos.

El versículo más corto del Nuevo Testamento se encuentra en Juan 11:35: "*Jesús lloró*". Este versículo contiene solo diez letras.

La "oración litúrgica" cristiana que se tiene registrada más antigua se encuentra en (1 Corintios 16:21-24). Se denomina "liturgia" a la forma como se llevan a cabo las ceremonias en una religión, la palabra liturgia viene del griego *leitourgia* y quiere decir servicio público, generalmente ofrecido por un individuo a la comunidad. Hoy se usa para designar todo el conjunto de la oración pública de la Iglesia y de la celebración sacramental.

Casi todos los libros del Nuevo Testamento terminan con la palabra "Amén", las excepciones son los libros de Hechos, Santiago (Jacobo) el Menor y Tercera carta de Juan.

El libro de Hechos de los apóstoles –escrito por San Lucas– es un libro histórico que narra los comienzos de la Iglesia y en especial las actividades misioneras de San Pablo. Sin este libro sería bastante difícil encontrarles sentido a los demás libros porque no encontraríamos concatenación alguna.

El Antiguo Testamento acaba con una maldición (Malaquías 4:5) y el Nuevo Testamento con una bendición (Apocalipsis 22:21).

Juan el Bautista que era primo de Jesús (Lucas 1:32-38) y era seis meses mayor.

Las dos únicas personas en caminar sobre el agua fueron Jesús y Pedro (Mateo 14:29).

Judas traicionó a Jesús por 30 piezas de plata, el precio de un esclavo (Mateo 26:14-15).

El primer mártir cristiano fue Esteban (Hechos 7).

Safira fue la mujer que menos horas ha estado viuda en la Biblia. Por haber mentido, su esposo murió, y después de 3 horas ella también (Hechos 5:1).

Un ángel liberó de la prisión al apóstol Pedro (Hechos 12).

La primera vez que nos llamaron "cristianos" fue en la ciudad de Antioquia, Siria (Hechos 11:26).

La palabra "cristianos" se usa sólo tres veces en la Biblia. En Hechos 11:26, 1 Pedro 4:14, Hechos 26:28.

El número 7 es el que más aparece en la Biblia, solamente en el libro del Apocalipsis se encuentran:

- 7 iglesias (Apocalipsis 1:4).
- 7 candeleros de oro (Apocalipsis 1:12).
- 7 espíritus (Apocalipsis 1:4).
- 7 estrellas o ángeles (Apocalipsis 1:16; 1:20).
- 7 lámparas (Apocalipsis 4:5).
- 7 sellos (Apocalipsis 5:1).
- 7 cuernos y 7 ojos (Apocalipsis 5:6)
- 7 ángeles con 7 trompetas (Apocalipsis 8:2)
- 7 truenos (Apocalipsis 10:4)
- 7 cabezas y 7 diademas (Apocalipsis 12:3)

El último libro de la Biblia en escribirse no fue Apocalipsis, sino la Tercera carta o epístola de Juan. Muchos eruditos conservadores sugieren que Juan escribió esta carta entre los años 85-97 d.C., cuando él evidentemente escribió el evangelio según Juan aproximadamente en el año 85-95 d.C. y el libro de Apocalipsis aproximadamente en el año 95-96 d.C.

El libro del Apocalipsis no hace ninguna cita directa del Antiguo Testamento.

Apocalipsis es el único libro de la Biblia que dice que uno es bienaventurado (Apocalipsis 1:3) "*Bienaventurado el que lee estas palabras de profecía*".

El libro de Apocalipsis es el libro que más es usado para hacer mención del anticristo, pero curiosamente, la palabra "anticristo" literalmente no aparece ni una vez en ese libro. Solamente aparece literalmente y 3 veces en la carta 1 Juan y una sola vez en la 2da. de Juan.

El nombre judío del hijo de Dios era Jesús, porque "Cristo" es un título que significa "ungido". De ahí el nombre compuesto Jesucristo que significaría Jesús el ungido.

El nombre "Jesús" viene del latín *Iesus* y éste del griego *Iesous* y este del hebreo *Yeshua* (salvador).

La palabra "Cristo" viene del griego *Kristos* (ungido) y éste es una traducción del hebreo "Mesías" (el que ha sido ungido con aceite para ser declarado rey).

Los romanos colocaban un letrero a quienes crucificaban que indicaba la razón por la que era castigado. A Jesús le colocaron un letrero con un mensaje en latín que decía *Iesus Nazarenus Rex Iudaeorum* (Jesús de Nazaret Rey de los Judíos), por tal motivo se coloca sobre los crucifijos las iniciales INRI.

La oración que Jesús nos enseñó y que se encuentra en los evangelios de los apóstoles Mateo y Lucas, presentan pequeñas variaciones entre ambos. Estas variaciones no cambian en absoluto el fondo de la oración. Las mismas las marcamos en negrilla:

| Padre Nuestro (Mateo 6:9-13) | Padre Nuestro (Lucas 11:1-4) |
|---|---|
| Padre nuestro que estás en los cielos, | Padre nuestro que estás en los cielos, |
| santificado sea tu nombre. | santificado sea tu nombre. |
| Venga tu reino. | Venga tu reino. |
| Hágase tu voluntad, | Hágase tu voluntad, |
| como en el cielo, | como en el cielo, |
| así también en la tierra. | así también en la tierra. |
| El pan nuestro de cada día, | El pan nuestro de cada día, |
| dánoslo hoy. | dánoslo hoy. |
| Y perdónanos nuestras **deudas**, | Y perdónanos nuestros **pecados**, |
| como también nosotros perdonamos | porque también nosotros perdonamos |
| a nuestros deudores. | a todos los que nos deben. |
| Y no nos metas en tentación, | Y no nos metas en tentación, |
| mas líbranos del mal; | más líbranos del mal. |
| **porque tuyo es el reino, y el poder y la gloria, por todos los siglos. Amén.** | |

# CÓMO ENTENDER LOS EVANGELIOS

Para comprender la lectura de los evangelios y que nos revelen toda su riqueza, debemos hacernos tres preguntas o ubicarnos en tres niveles. A saber:

1. ¿Qué intentaba decir el autor a sus lectores o destinatarios?
2. ¿Qué hizo o dijo Jesús?
3. ¿Qué nos dice a nosotros hoy este texto?

¿Qué intentaba decir el autor a sus destinatarios? Debemos situarnos en la época en que cada autor redactó su obra, conocer la situación de la comunidad a la que se dirige, los temas en los que insiste cada evangelista y la estructura que ha dado a su obra.

¿Qué hizo o dijo Jesús? El mejor criterio para leer los textos a este segundo nivel es situar las palabras y acciones de Jesús en el contexto cultural, social y religioso de Palestina en la primera mitad del siglo I d.C. (0-50 d.C.)

¿Qué nos dice a nosotros hoy este texto? Esta misma pregunta se la hicieron los primeros cristianos y, es también, la pregunta con que nosotros nos acercamos a los evangelios. Es una pregunta que debe tener en cuenta las dos primeras preguntas o niveles de lectura, de otro modo correríamos el peligro de hacer una lectura demasiado subjetiva, y haríamos decir a los textos del evangelio lo que en realidad no dice. Para captar el mensaje del evangelio de hoy, es necesario situarse en la perspectiva de Jesús y de las primeras comunidades cristianas, hacer coincidir nuestro horizonte con el suyo, poner en línea nuestras preocupaciones y las suyas.

**Evangelio de Mateo o San Mateo.** ¿Qué intentaba decir el autor a sus destinatarios? Se dirige a una comunidad que vivía una compleja situación. Hacia afuera el problema más importante era el enfrentamiento con el judaísmo. Hacia adentro experimentaba la división y sufría las tensiones propias de una comunidad cristiana de la segunda generación, en la que comenzaban a aparecer la pereza, el abandono, el abuso de poder, la indiferencia y otras actitudes similares. En efecto, después de la destrucción de Jerusalén y el templo por parte del imperio romano para el año 70 d.C., el judaísmo se había replegado en torno al grupo de fariseos; estos por su parte, habían adoptado una postura intransigente con los demás grupos judíos y muy especialmente con el grupo de los discípulos de Jesús. Estas tensiones provocaron la ruptura entre cristianos y judíos, dieron lugar a una intensa polémica que se refleja en este evangelio (Mateo 23:1-12; 21:43).

¿Qué hizo o dijo Jesús? La iglesia es para Mateo el pueblo congregado por Jesús, la verdadera descendencia de Abraham que ha heredado la misión del antiguo Israel (Mateo 21:43). Jesús dirige su buena noticia, en primer lugar, a Israel (Mateo 10:6), para anunciarle que ha llegado el tiempo en que debe llevar la salvación a todas las naciones (Isaías 2:2-5; 42:1-4). Inexplicablemente, Israel desoye esta invitación y rechaza a Jesús (Mateo 11; 12; 21:33-46). Como consecuencia de este rechazo, Jesús convoca un nuevo pueblo (judíos y gentiles juntos), el auténtico Israel que dará los frutos a su tiempo (Mateo 21:43); y cuya misión consistirá en hacer llegar la buena noticia a todos los hombres (Mateo 28:16-20).

**Evangelio de Marcos o San Marcos.** ¿Qué intentaba decir el autor a sus destinatarios? Los destinatarios son en su gran mayoría no judíos, a quienes el evangelista tiene que explicar expresiones y costumbres judías (Marcos 5:41; 7:3). Pertenecían con toda probabilidad a una pequeña comunidad asentada en la gran ciudad de Roma. Corrían tiempos difíciles para ellos.

Resultaban odiosos tanto para los judíos como para romanos. Perseguidos como ocurrió en tiempos de Nerón en el año 64 d.C. En esta situación de persecución y de crisis, se hace necesario afianzar la fe. Marcos se propuso responder a aquella situación crítica volviendo la mirada hacia Jesús, para profundizar en el misterio de su persona. Su relato que tenía una intención catequética y pastoral, dio origen a un nuevo género de literatura cristiana. Con él nacen los evangelios, escritos auténticamente pastorales, en los que la narración sobre Jesús se une de manera indisoluble al testimonio de la comunidad creyente, el cual llega hasta nosotros revestido de toda su fuerza interpelante.

¿Qué hizo o dijo Jesús? El tema central y dominante del evangelio es el de la identidad de Jesús, es decir, ¿quién era Jesús? Pasando por sombras y luces, la respuesta se hace esperar; pero termina siendo precisa y clara en la confesión de aquel centurión que lo ve morir: "Verdaderamente, este hombre era el Hijo de Dios". El segundo tema que destaca en el evangelio de Marcos es el discipulado. La misma estructura literaria lo pone de manifiesto. Los relatos de vocación (Marcos 1:16-20), elección (Marcos 3:13-19) y misión (Marcos 6:7-13) de los discípulos ocupan una posición privilegiada al iniciar su evangelio tras un breve sumario y en el resto del evangelio. La buena nueva de Jesús como Mesías e Hijo de Dios no es una doctrina científica o una mera especulación intelectual a base de nociones y de títulos, es una comunicación de un hecho que quiere ser fundamento de una comunión de vida: el discipulado. El discipulado por su parte, es el lugar privilegiado para la revelación de la identidad de Jesús. En la unión personal con Él es donde Jesús desvela el misterio de su ser.

**Evangelio de Lucas o San Lucas.** ¿Qué intentaba decir el autor a sus destinatarios? La comunidad a la que Lucas dirige su evangelio pertenece a la segunda generación cristiana, que vive inmersa en el contexto cultural y político del imperio romano. La comunidad de Lucas mira a la cultura helenística y al imperio romano con nuevos ojos, porque vive en medio de ellos y en diálogo con ellos. El mismo evangelista que escribe en un griego culto, al estilo de los historiadores de la época y que busca conexiones con la historia pagana (Lucas 2:1-2; 3:1) o los poetas griegos (Hechos 17:28) es un ejemplo de esta nueva sensibilidad.

¿Qué hizo o dijo Jesús? Jesús es el centro de toda esta historia. En Él se ha manifestado plenamente la salvación de Dios (Lucas 19:10; Hechos 4:12). Lucas contempla y transmite a toda su comunidad la riqueza del misterio de Jesús: Él es el Mesías (Lucas 9:20), el Señor (Lucas 7:13-19), el Hijo de Dios (Lucas 1:35), el Profeta (Lucas 7:16); pero es sobre todo el Salvador, como anuncia el ángel a los pastores (Lucas 2:11). La salvación que trae Jesús se manifiesta en gestos sencillos de amor hacia los pecadores (Lucas 7:36-50; 15:1-32; 19:1-10), las viudas (Lucas 7:11-17) y los extranjeros (Lucas 7:9-10). Esta cercanía de Jesús con los desheredados y alejados, revela expresivamente la misericordia de Dios y su compasión. El Dios que se revela en Jesús es un Padre lleno de ternura y solicitud hacia todos sus hijos, especialmente hacia aquellos que se han marchado de la casa (Lucas 15:11-32) o están perdidos (Lucas 19:9-10). Por eso su amor llega hasta el extremo y, la salvación, se hace plena cuando Jesús siguiendo el plan de Dios (Lucas 9:22; 17:25; 24:26), entrega su vida y resucita. Desde entonces Él es el único que puede ofrecer la salvación a todos los hombres (Hechos 4:12).

**Evangelio de Juan o San Juan.** ¿Qué intentaba decir el autor a sus destinatarios? Los cristianos a los que se dirige Juan vivían una situación difícil y compleja. La propia historia de la comunidad había pasado por diversas etapas en las que distintos grupos y tendencias habían suscitado polémicas internas, que originaron tensiones y divisiones. Había discípulos de Juan el Bautista, a los que el evangelista tiene que explicar la superioridad de Jesús sobre Juan el Bautista (Juan 1:19-34). Otros no podían aceptar que Jesús fuera el Hijo de Dios (Juan 10:33-38) y mucho menos que Dios se hubiera hecho hombre (2 Juan 7), o que hubiera muerto en la cruz (1 Juan 5:6). A todo esto se agrega el rechazo y persecución por parte de los judíos, que aparecen en casi todas las páginas del evangelio como antagonistas de Jesús. Estos judíos ya no son los maestros de la ley y los fariseos del tiempo de Jesús, sino, aquellos que después del año 70 d.C., con la destrucción de Jerusalén y el templo, habían impuesto la tradición farisaica como la única ortodoxa.

¿Qué hizo o dijo Jesús? Este cuarto evangelio contiene una profunda reflexión acerca del misterio de Jesús. Los que se encuentran con Él (Nicodemo, la samaritana, el ciego de nacimiento, etc.), van descubriendo progresivamente la hondura de este misterio. Lo reconocen como Señor (Juan 4:15), Profeta (Juan 4:19), Mesías (Juan 4:25) y Salvador del mundo (Juan 4:42). Pero el evangelista descubre a sus lectores que Jesús es el Hijo de Dios; Él es el camino, la verdad y la vida (Juan 14:25). Al final de su camino Jesús retorna al Padre a través de la muerte, que es paradójicamente, el momento de su glorificación (Juan 13:31-32).

**Antigüedad de los evangelios.** La fecha de composición del evangelio del apóstol Mateo según los últimos descubrimientos lo ubica entre los años 50 y 70 d.C. Esto debido al descubrimiento del papiro *Magdalen Greek-17* (Papiro Magdalena Griego-17) unos fragmentos pertenecientes a Mateo 26:23,31, mediante la paleografía (estudio de las escrituras antiguas) se pudo determinar que aquellas escuetas 5 líneas databan de comienzos del siglo I, es decir, eran contemporáneas al propio Jesús. Sin embargo, existen otros eruditos que lo ubican después del año 70 d.C., una de las principales razones esgrimidas para esa datación es que difícilmente se habría consignado la profecía de Jesús de Nazaret sobre la destrucción del templo de Jerusalén, acaecida en forma efectiva por parte de las legiones romanas de Tito en el año 70 d.C., de la forma que el Evangelio de Mateo la contiene, no hubiese hecho tanto hincapié en el mismo si ésta no se hubiese cumplido ya. La destrucción del templo fue un hecho que caló tan profundamente en el ánimo judío, que se suelen diferenciar con cierto grado de certidumbre las obras anteriores de las posteriores a esa fecha por la forma en que aluden a ese acontecimiento notable. En el evangelio de Mateo, la destrucción del templo de Jerusalén aparece como profecía directa en Mateo 24:1-2 e incluso hay referencias indirectas tal lo presupuesto en otros pasajes, como Mateo 23:38 o en forma de parábola en Mateo 22:7. De allí la dificultad que encuentran la mayoría de los autores para pensar en una composición anterior al año 80 d.C.

El evangelio de Marcos entre los estudiosos existe un amplio consenso en datar su fecha a finales de los años 50, principios de los 60 d.C., otros lo ubican poco después del año 70 d.C. Por un lado, los datos del evangelio reflejan una comunidad con problemas típicos de la segunda generación cristiana después del año 60 d.C. y, por otro lado, no hay una referencia clara a la destrucción de Jerusalén ocurrida en el año 70 d.C., un acontecimiento que tuvo grandes repercusiones entre los primeros cristianos. Esto convierte el evangelio de Marcos en el más antiguo de todos.

El evangelio de Lucas los eruditos lo sitúan en la década de los años 80 d.C., debido a que suponen que en Lucas 21:6, donde se describe la destrucción del Templo de Jerusalén, acontecida el año 70 d.C., es una narración post evento, es decir, que Lucas estaría poniendo en boca de Jesús una profecía que ya se había cumplido. Así, en Lucas 21:6 Jesús dice refiriéndose al templo: "*En cuanto a estas cosas que veis, días vendrán en que no quedará piedra sobre piedra, que no sea destruida*" y, en Lucas 21:9-10 Jesús respondiendo a la pregunta de cuándo sucedería responde: "*Y cuando oigáis de guerras y de sediciones, no os alarméis; porque es necesario que estas cosas acontezcan primero; pero el fin no será inmediatamente. Entonces les dijo: Se levantará nación contra nación, y reino contra reino*". Sin embargo las dataciones más tardías tienen que explicar varios datos que parecen querer una datación anterior:

a) La presencia de este evangelio en el papiro P75 hacia el año 200 d.C. y la mención del evangelio de Lucas que hacen Ireneo de Lyon y el Fragmento muratoriano hacia el año 180 d. C., es extraña si fuera de finales del siglo I; es poco tiempo para haberse difundido tanto.
b) La conclusión abrupta de los Hechos de los apóstoles, segunda parte de la obra, donde, contrariamente a lo que se esperaría, no se narra la muerte de Pablo, parecería indicar que Pablo no habría muerto aun cuando se compuso. Pablo murió bajo el mandato de Nerón hacia el año 64 d.C. Sin embargo, quienes sostienen la datación tardía explican que el final abrupto que Lucas da al final del libro de Hechos es sólo aparente, pues Lucas querría demostrar que el evangelio llegó hasta los confines de la tierra, y esto lo logra cuando Pablo llega a Roma. De modo que, aunque Pablo hubiese muerto, Lucas habría escrito este final.
c) La sección "nosotros" de los hechos: Si Lucas viajó con Pablo en los años 50 d.C., no pudo sobrevivir demasiado tiempo al apóstol.
d) Parece que Lucas no conoce las cartas de Pablo ya extendidas a finales del siglo I d.C. (como atestigua la segunda epístola de Pedro), pues si fuese así no daría datos que contrastan con éstas.

Al evangelio de Juan lo ubican en los años 90 d.C. Las dataciones más tardías están limitadas por el papiro P52 hacia los años 125-150 d.C. y por las menciones al evangelio de Juan que hacen Ireneo de Lyon y el Fragmento muratoriano hacia el año 180 d.C., así como Clemente de Alejandría y Tertuliano hacia el año 200 d.C. El papiro 66, es un códice casi completo del evangelio de Juan, que forma parte de la colección conocida como los papiros *Bodmer.* Se trata de un caso único, por el nivel de integridad y conservación de un material datado de fines del siglo II o principios del siglo III. El papiro 75 o papiro *Bodmer* XIV-XV, datado entre los años 175-225 d.C. abarca vastas secciones de los evangelios de Lucas y de Juan. Constituye el manuscrito más antiguo encontrado que mantiene unidos a dos evangelios y fue interpretado como evidencia de que las comunidades cristianas primitivas ya manejaban estos materiales como una unidad.

Parte XVIII

# Los Ángeles

## Concepto y origen

La existencia de los ángeles es tan cierta como la existencia de Dios; el mismo Jesucristo dio prueba de esto cuando los sacerdotes judíos saduceos le realizaron la pregunta sobre la resurrección. En Marcos 12:25, Jesús dice: "*Porque cuando resuciten de los muertos, ni se casarán ni se darán en casamiento, sino serán como los ángeles que están en los cielos*".

La palabra "ángel" procede del latín *angĕlus*, que a su vez se deriva del griego *ángelos*, que significa "mensajero". La palabra hebrea más parecida es *mal'ach*, que tiene el mismo significado. El término ángel también se usa en la Biblia para las siguientes tres palabras hebreas: *abbir*, literalmente "poderoso", en Salmos 78:25. *Elohim* "dioses" o plural señorial de Dios, según los autores, en Salmos 8:5 y *shin'an*, en Salmos 68:17.

Los ángeles aparecen tanto en el Antiguo Testamento como en el Nuevo Testamento.

"Los ángeles" son seres espirituales creados por Dios. Las Sagradas Escrituras hablan acerca de la creación de los ángeles, así que está claro que no han existido desde la eternidad (Nehemías 9:6; Salmos 148:2, 5). En Colosenses 1:16-17 el apóstol Pablo dice: "*Porque en él fueron creadas todas las cosas, las que hay en los cielos y las que hay en la tierra, visibles e invisibles;*

*sean tronos, sean dominios, sean principados, sean potestades; todo fue creado por medio de él y para él. Y él es antes de todas las cosas, y todas las cosas en él subsisten*". Es decir, todos los ángeles fueron creados por Dios.

La "Angelología" es el estudio de los Ángeles. Los primeros concilios de la iglesia proclamaron como dogma de fe su existencia, pero sin entrar en mucha especulación teológica sobre como son exactamente ni cuantos coros existen en el cielo. Basta que los cristianos crean en estas criaturas espirituales, creados por Dios para hacer su voluntad.

## CLASIFICACIÓN

Varios patriarcas de la Iglesia cristiana se dieron a la tarea de establecer órdenes o jerarquías de ángeles, San Ambrosio, San Jerónimo, el Papa Gregorio el Grande, el místico bizantino Pseudo Dionisio Areopagita y Tomás de Aquino, el teólogo medieval, se basaron en la Biblia para dividir a los ángeles en grupos según su cercanía a Dios. A estos grupos de ángeles se les llama los coros celestiales o angélicos. Cada grupo de ángeles tiene una función. A saber:

- Serafines (Isaías 6:2): Los serafines pertenecen a la primera jerarquía celestial. Junto con los querubines y tronos, son parte o esencia de Dios. Son los ángeles que llenan el cielo de música.
- Querubines (Génesis 3:24; Ezequiel 10:1-22): Los querubines pertenecen al segundo coro celestial. Son los guardianes de la gloria de Dios. Su trabajo es llenar el universo de sabiduría y amor.
- Tronos (Colosenses 1:16): Los tronos son el tercero de los coros de la más alta categoría de ángeles. Sostienen el trono de Dios, y transmiten Su voluntad a las demás jerarquías.

- Dominaciones (Colosenses 1:16): Las dominaciones pertenecen a la segunda jerarquía. Son el cuarto coro. Se les llama así porque dominan sobre todas las órdenes angélicas.
- Virtudes (1 Pedro 3:22): Las virtudes se destacan por su luz. Pertenecen a la segunda jerarquía de ángeles. Se dice que son los encargados de conceder milagros y de ofrecer el valor y la gracia de Dios.
- Potestades (Colosenses 1:16): Las potestades organizan las tareas divinas y angélicas. Forman parte, junto a las Dominaciones y las Virtudes, de la segunda jerarquía angélica.
- Principiados (Colosenses 1:16): Los principiados son los ángeles de la belleza, protectores del planeta Tierra y guardianes de todas las entidades grandes. Pertenecen a la tercera jerarquía junto con los arcángeles y los ángeles.
- Arcángeles (1 Tesalonicenses 4:16): Los arcángeles son el penúltimo coro de ángeles. Son los mensajeros por excelencia. Están más cerca de la humanidad y por eso son los portavoces de Dios. Aparecen por nombre en la Biblia y tienen papeles importantes tanto en el Antiguo Testamento como en el Nuevo Testamento. La Biblia menciona a los arcángeles Miguel, Gabriel y Rafael.
- Ángeles: Los ángeles son los seres celestiales más cercanos a los seres humanos. Los ángeles acompañan a los seres humanos en todo momento y se encargan de ayudarlos y protegerlos. Los ángeles de la guarda son los protectores de las almas individuales. Te ayudan en tus necesidades y te acompañan durante toda la vida y más allá. Los ángeles de la guarda, o ángeles custodios, se interpretan de los siguientes versos en Mateo 18:10: *"Mirad que no menospreciéis a uno de estos pequeños; porque os digo que sus ángeles en los cielos ven siempre el*

*rostro de mi Padre que está en los cielos*". Son los ángeles que se encargan de acompañar el alma a través de toda la vida y más allá.

- Ángeles caídos: Un ángel caído es un ángel que ha sido expulsado del cielo por desobedecer o rebelarse contra Dios. La Biblia menciona que muchos ángeles fueron expulsados por haber desobedecido a Dios. El más notorio de los ángeles caídos es Satanás. En los Evangelios, es el enemigo de Jesús, especialmente en los relatos de las tentaciones (Marcos 1:12-13; Mateo 4:1-11 y Lucas 4:1-13) y en los exorcismos (Marcos 3:22-27; Mateo 12:22-30; Lucas 11:14-23). Otros ángeles caídos son los *Grigori*, también conocidos como hijos de *Elohim*. Estos ángeles aparecen en algunos textos apócrifos y en el libro del Génesis.

# LOS ÁNGELES EN EL A.T.

"Los ángeles" son mencionados con este nombre por lo menos ciento ocho veces en el Antiguo Testamento, sin embargo, en todas sus formas son nombrados en el Antiguo Testamento más de trescientas veces. Llamados generalmente: *Bene Elohim* "hijos de Dios", "ejército del Señor", "estrella de la mañana", "querubines", "varones", "príncipes", entre otros nombres.

La primera vez que se nombra la palabra "ángel" es en Génesis 16:7.

En el Antiguo Testamento aparecen los ángeles en todos los libros del Pentateuco (Génesis, Éxodo, Levítico, Números y Deuteronomio).[48]

En el Pentateuco aparecen los ángeles treinta y dos veces. A saber: Génesis capítulos 16; 21; 18; 19; 28:12; 32:24-28; Éxodo 3:2; 10; 14:19; 23:20.49.

En los libros históricos (Josué, Jueces, Rut, 1 y 2 Samuel, etc.), la palabra ángel aparece en todos sus libros. Siendo la mayoría de éstas en el libro de Jueces (Jueces 2:1-5; 6:11-21; 2 Samuel 14:20; 19:27; 24; 1 Crónicas 21).[49]

El nombre de los arcángeles Miguel, Gabriel y Rafael tienen significados. Miguel significa "Quién como Dios", Gabriel su nombre quiere decir "Fortaleza de Dios" y Rafael quiere decir "Medicina de Dios" (Dios sana).

También en los libros proféticos, tanto de los profetas mayores como de los profetas menores, los ángeles se hacen presentes. En los profetas mayores en (Isaías 37:36; 63:9; 6:2; Ezequiel 10:1-3; 6; 8; Daniel 3:6; 9:20-27; 10:13; 12:1); en los profetas menores en Oseas 12:2-4; Zacarías 6:1-6, solamente el profeta Zacarías los nombra veinte veces.[50]

La Biblia también habla de "los ángeles de la Guarda". "Dios asigna un ángel para cada país" (Deuteronomio 32:8), "ellos guardan a los individuos" (Mateo 18:10) y a "comunidades enteras" (Apocalipsis 1-3) (Ver Éxodo 23:23; Salmo 91:11; Tobías 5; 12:12). Los ángeles de la guarda están constantemente a nuestro lado, no se separan de nosotros ni un momento, aun cuando estamos durmiendo, y no nos ayudan solo cuando los necesitamos, porque siempre están para protegernos. Para que nuestra relación con nuestro ángel de la guarda sea más íntima debemos tratarlo, llamarle, hablar con él, y debemos agradecer a Dios por este compañero y protector que es una manifestación de su divina providencia.

# ÁNGELES MALIGNOS

En los libros poéticos (Job, Salmos, Proverbios, Eclesiastés, Cantares, Eclesiástico, Lamentaciones y Sabiduría); aparecen de una manera más explicativa los ángeles buenos y los ángeles malignos, a saber: (Job 1:6; 2:1; Salmos 34:7; 35:5-6; 78:49; 91:11; 103:20; 104:4; 148:2; Eclesiastés 5:6).

Satanás fue un ángel caído en desgracia por retar a Dios. Mientras que la Biblia no nos da muchos detalles respecto a la rebelión de Satanás y los ángeles caídos, parece que Satanás, probablemente el mayor de todos los ángeles (Ezequiel 28:12-18), en soberbia, decidió rebelarse contra Dios, buscando convertirse en su propio dios. Satanás (Lucero) no quería adorar u obedecer a Dios; él quería ser Dios (Isaías 14:12-14; Apocalipsis 12:4), se entiende como una descripción figurativa de un tercio de los ángeles eligiendo seguir a Satanás en su rebelión, convirtiéndose en "ángeles caídos o demonios".

Los demonios, como seres espirituales, tienen la capacidad de tomar posesión de un cuerpo físico. La posesión demoníaca se produce cuando el cuerpo de una persona es totalmente controlado por un demonio. Esto no puede pasar a un hijo de Dios, puesto que el Espíritu Santo reside en el corazón del creyente en Jesucristo (1 Juan 4:4).

# ÁNGELES CAÍDOS

- Abadón (hebreo) o Apolión (griego): Que quiere decir "destructor" o "ruina"; es considerado "el jefe de las langostas", "el ángel del abismo" (Apocalipsis 9:11).
- Asmodeo: Demonio de la maldad y la muerte. Es el espíritu maligno que mató a siete maridos a Sara (Tobías 3:8); y que fue encadenado en el desierto por San Rafael.
- Beelzebú: "Señor de las moscas", llamado el "príncipe de los demonios" (Mateo 10:25). Los Fariseos acusaban a Jesús de recibir poder de este espíritu del infierno (Mateo 12:24; Juan 8:48-49, 52).
- Belial: El "inútil" o el "impío" en hebreo. En los manuscritos del mar muerto, aparece como uno de los nombres del demonio que utilizó San Pablo (2 Corintios 6:15).

- Demonio: Del griego *daimon* significa en plural "espíritus impuros" (Apocalipsis 18:2), son "malignas fuerzas espirituales del cielo, las cuales tienen mando, autoridad y dominio sobre este mundo oscuro" (Efesios 6:12). Pueden llegar a ser "legión"; es decir, "muchos" (Marcos 5:9).
- Leviatán: Palabra hebrea que traduce "animal solapado", representado en la Biblia en forma de serpiente, cocodrilo, bestia marina o dragón del abismo (Isaías 27:1). La destrucción de Leviatán por Dios, simboliza la derrota definitiva de los enemigos de Israel.

La actuación de los ángeles en la Biblia está muy sujeta a todo el desarrollo de las Escrituras, hasta el punto, que es imposible ignorarlos; son seres muy reales que actúan como mensajeros y ayudantes de Dios. Su carácter, posición, poder y actividades se nos revelan con cierto detalle. La actuación de los ángeles en las narrativas de la Biblia, pueden ser buenas o malas, según sirvan a Dios o Satanás.

## El Ángel de Yahveh-Jehová o Malak Yahve

Existe un ángel en el Antiguo Testamento al que llaman "El ángel de Yahveh-Jehová" (*malak Yahveh*). Este ángel actúa como mensajero extraordinario de Dios en los tiempos del Antiguo Testamento. Sus apariciones tuvieron lugar desde los tiempos de Abraham hasta el sacerdote Zacarías en el Nuevo Testamento.[51]

La identidad precisa de "El ángel de Yahveh-Jehová" o "El ángel del Señor" no es proporcionada específicamente en la Biblia, sin embargo, hay muchas "claves" importantes para su identidad. Hay referencias en el Antiguo y Nuevo Testamentos sobre "ángeles del Señor", "un ángel del Señor," y "El ángel del

Señor". Parece que cuando se usa el artículo definido "El" es para especificar un ser único, separado de los otros ángeles. El ángel del Señor habla como Dios, se identifica a sí mismo con Dios, y ejerce las responsabilidades de Dios (Génesis 16:7-12; 18:1-11; 21:17-18; 22:11-18; Éxodo 3:2; 14:19; 33:11; Jueces 2:1-4; 5:23; 6:11-24; 13:3-22; 2 Samuel 24:16; Daniel 3:25; Zacarías 1:12; 3:1; 12:8). En muchas de estas apariciones, aquellos que vieron "al ángel del Señor" temieron por sus vidas, porque ellos habían "visto al Señor." Por lo tanto, está claro que al menos en algunas ocasiones, el ángel del Señor es una "Teofanía", una aparición de Dios en forma física.[52]

Las apariciones del "ángel del Señor" cesaron después de la encarnación de Cristo. Los ángeles son mencionados numerosas veces en el Nuevo Testamento, pero "EL ángel del Señor" nunca es vuelto a ser mencionado. Es posible que las apariciones de "el ángel del Señor" fueran manifestaciones de Cristo antes de Su encarnación. Jesús declaró de Sí Mismo, que existió "antes que Abraham fuese" (Juan 8:58), así que resulta lógico que Él estuviera activo y se manifestara en el mundo. Cualquiera que sea el caso, ya sea que "el ángel del Señor" fuera una aparición pre-encarnada de Jesucristo "Cristofanía" o una aparición de Dios Padre "Teofanía", es muy probable que la frase "el ángel del Señor" identifique a una aparición física de Dios.[53]

# ÁNGELES EN EL N.T.

Para el tiempo del Nuevo Testamento llegaron a ser llamados más comúnmente como ángeles.

Los ángeles son nombrados en el Nuevo Testamento un total de ciento sesenta y cinco veces.

Los ángeles son mencionados en los cuatro evangelios. En los pasajes de Mateo 1:20-23; 2:13; 28:2-7; Marcos 16:4-7; Lucas 1:26-38; 2:8-15; 24:4-8; Juan 20:12-14.

En el libro de Hechos los ángeles se hacen presentes en Hechos 1:10-11; 5:19; 8:26; 10:1-7; 12:5-11; 27:23-25.

Los ángeles aparecen numerosas veces en las cartas epistolares tales como en 1 Timoteo 5:21; Hebreos 1:45; Colosenses 2:15-18; 1 Pedro 3:18-22; 5:8-9; 2 Pedro 2:4; Efesios 1:20-21; 6:10-12; Santiago 4:7.

En el libro de Apocalipsis o Revelaciones la palabra ángel aparece en sesenta y cinco ocasiones, siendo el libro en toda la Biblia donde más se hace referencia de ellos (Apocalipsis 5:11-12; 7:1-3; 8-9; 15:16). En este libro, los ángeles son esenciales en la estructura y significado del libro.

Jesús demostró con sus palabras y con sus hechos de manera contundente la existencia de los ángeles. Jesús siempre habló con la verdad y conocimiento de causa; puesto que como El Verbo-La Palabra eterna, creó todas las cosas (Juan 1:1-3), y por supuesto, aquí se incluyen los ángeles. Habló con la verdad (Juan 8:31-32; 45-46; 14:6). En Juan 8:31-32 Jesús dice: "*…a los judíos que habían creído en él: Si vosotros permaneciereis en mi palabra, seréis verdaderamente mis discípulos, y conoceréis la verdad, y la verdad os hará libre*". Jesucristo situó "la realidad de los ángeles a la misma altura de la resurrección". Cuando los sacerdotes judíos saduceos, que no creían en los ángeles ni en la resurrección, intentaron desautorizar a Cristo con relación a la enseñanza de la resurrección, Jesús, no solo confirmó la resurrección, sino, que comparó nuestra estancia en el cielo con la de los ángeles (Mateo 22:29-30; Marcos 12:24-25; Lucas 20:24-25). De esta forma colocó la doctrina de la resurrección y la de los ángeles en el mismo plano de verdad.

Jesús cuando expulsaba espíritus inmundos, estaba expulsando ángeles malignos (Mateo 8:28-34; Marcos 1:27; 5:1-20; Lucas 4:36; 8:26-39).

El Nuevo Testamento prohíbe su adoración (Apocalipsis 19; 10; 22:8-9; Colosenses 2:18). El apóstol Pablo nos hace recordar que son solamente criaturas (Colosenses 1:16) y que Cristo es el centro de nuestra fe. Él está encima de ellos (Hebreos 1:4-6; Efesios 1:21). Los ángeles le adoran a Él (Hebreos 1:6, Efesios 1:22-23).

## LOS ÁNGELES AL SERVICIO DE JESÚS

Los ángeles también proveyeron un servicio significativo a Jesucristo. A saber:

- Sus servicios a Cristo enfatizan su deidad (Hebreos 1:4-14).
- Un servicio que es parte del ministerio de la piedad (1Timoteo 3:16).

Los ángeles le prestaron grandes servicios a Jesucristo antes, durante y después de su vida sobre la tierra. A saber:

Predijeron el nacimiento de Cristo.

- Gabriel se le apareció a la virgen María (Lucas 1:26-38).
- Un ángel se le apareció a José en un sueño (Mateo 1:18-21).

Anunciaron el Nacimiento de Jesucristo.

- Primero solo un ángel a los pastores en el campo (Lucas 2:8-12).
- Seguidamente una multitud de las huestes celestiales que alaban a Dios.

Lo protegieron en su infancia.

- Le avisaron a José por medio de un sueño que huyera a Egipto (Mateo 2:13).
- Le dijeron también por un sueño que volviera a Israel (Mateo 2:19-20).

Le sirvieron después de la tentación.

- Después que el diablo le dejó (Mateo 4:11; Marcos 1:13).
- Puede haber incluido ánimo o quizás alimentos (1 Reyes 19:5-7).

Le fortalecieron en el Jardín de Getsemaní.

- Cuando el oraba más intensamente en agonía (Lucas 22:41-44).
- Quizás similar a la forma en la cual Daniel fue fortalecido (Daniel 10:18-19).

Movieron la piedra de la tumba.

- Se sentaron sobre la piedra después de moverla (Mateo 28:2).
- Aterrorizaron a los guardias de la tumba con sus apariencias (Mateo 28:3-4).

Aparecieron después de la resurrección.

- Dos mujeres y María Magdalena, quien había ido a decirle a Pedro y a Juan que la piedra había sido removida de la tumba (Mateo28:5-7; Lucas 24:4-7, 22-23, Juan 20:1-2).
- A María Magdalena que fue a la tumba después que Pedro y Juan habían salido (Juan 20:11-13).

Asistieron a su ascensión.

- Como dos hombres de vestiduras blancas (Hechos 1:9-10).
- Anunciaron la promesa de su segunda venida (Hechos 1:11).

## ARCÁNGELES

La palabra "arcángel" viene del griego *archángelos.* El antiguo prefijo griego *αρχ-* (arc), o en otra forma del prefijo *ἀρχω* (arco) significa "que gobierna, que dirige, que comanda, que lidera", ἄγγελος (ángelos) que significa "mensajero". A partir de estas raíces, el significado dado es de "ángel jefe o ángel principal" según la sintaxis del idioma griego, cabe destacar que el prefijo *αρχ* indica supremacía, uno de los primeros en su clase o liderazgo ante determinado grupo, por tanto podría traducirse el término como "capitán de los ángeles o uno de los primeros ángeles". Otra forma de la palabra es *αρχαγγελου* que significa "del arcángel".

En la Biblia solo se nombran tres arcángeles, estos son: San Miguel Arcángel (Apocalipsis 12:7-9), San Gabriel Arcángel (Lucas 1:11-20,26-38), y San Rafael Arcángel (Tobías 12:6,15).

El Arcángel Miguel o San Miguel Arcángel significa "¿quién como Dios? o bien el que es como Dios". Es el jefe de los ejércitos de Dios en las religiones judía, islámica y cristiana (Iglesias católica, ortodoxa, copta y anglicana).

El Arcángel Gabriel o San Miguel Arcángel su nombre quiere decir "fortaleza de Dios". Aparece siempre como el mensajero de Yahvé para cumplir misiones especiales y como portador de buenas noticias. Anunció a Zacarías el nacimiento de Juan el Bautista y a la Virgen María, la encarnación del Hijo de Dios.

El Arcángel Rafael o San Rafael Arcángel quiere decir "medicina de Dios" (Dios sana). Tiene un papel muy importante en la vida del profeta Tobías, al mostrarle el camino a seguir y lo que tenía que hacer. Tobías obedeció en todo al Arcángel San Rafael, sin saber que era un mensajero de Dios. Él se encargó de presentar sus oraciones y obras buenas a Dios, dejándole como mensaje bendecir y alabar al Señor, hacer siempre el bien y no dejar de orar.

# LOS ARCÁNGELES EN LAS DIFERENTES RELIGIONES

La Biblia indica que existen siete arcángeles, aunque se menciona el nombre de sólo tres. Miguel (Apocalipsis 12:7-9), Gabriel (Evangelio según Lucas 1:11-20; 26-38) y Rafael (Tobías 12:6, 15). Los nombres de los otros cuatro arcángeles no aparecen en la Biblia, pero se encuentran unas descripciones de éstos en los textos apócrifos, como el Libro de Enoc (que es canónico para la Iglesia Copta), el Cuarto libro de Esdras y en la literatura rabínica.

Existen diferencias en el reconocimiento de los arcángeles y ángeles por parte de las diferentes religiones cristianas y no cristianas. A saber:

**Judaísmo:** En el judaísmo las referencias a los arcángeles y ángeles es limitada, aunque estos últimos son mencionados con más regularidad, aunque igualmente son poco comunes, el término "arcángel" no aparece explícitamente en la Biblia Hebrea, más sí dentro de la tradición rabínica, donde mencionan a siete de éstos.

## CRISTIANISMO

- Iglesia Católica Apostólica Romana: La iglesia católica reconoce sólo a los tres arcángeles que tienen nombre y que se encuentran en la Biblia: Miguel, Gabriel y Rafael, cuya festividad es el 29 de Septiembre. Cada uno tiene atributos distintos, según su papel en los relatos bíblicos, tanto del Antiguo, como del Nuevo Testamento. Al de los arcángeles, no los niegan, pero tampoco los afirman en el sentido de que dentro de la doctrina oficial sean referidos como seres que indudablemente existen.

- Iglesias Ortodoxas: De la misma manera que la iglesia católica, la iglesia ortodoxa sólo reconoce como arcángeles a los tres cuyos nombres aparecen en la Biblia. A diferencia de los católicos, su representación en la iconografía es distinta: se les representa con túnica y un globo transparente con una cruz.
- Iglesia Copta: En el caso de la iglesia copta, además de reconocer a San Miguel, San Rafael y San Gabriel, esta iglesia reconoce también a un cuarto arcángel; San Uriel (*hebr.* אוריאל *Uri'* el "Llama de Dios" o "Luz de Dios". Este ángel aparece mencionado en el Libro de Enoc, el cual es considerado un libro canónico para esta iglesia. El resto de las iglesias lo consideran un libro apócrifo.
- Iglesia Protestante: Para gran parte de los protestantes, un arcángel es un ángel principal de un grupo de ángeles; opera como mediador entre Dios y los seres humanos, a menudo como intérprete del mensaje de Dios. Muchas veces los arcángeles aparecen en grupos de números específicos.
- Sectas como los Testigos de Jehová y Adventistas: Los testigos de Jehová y los adventistas consideran que, aunque las Escrituras hablan de varios príncipes, la palabra arcángel aparece en el Nuevo Testamento sólo en singular y refiriéndose a Miguel, por lo que habría solo uno, y era Jesús antes de nacer por el vientre de la Virgen María. Pero la diferencia es que los testigos de Jehová creen que El Arcángel fue la primera creación de Jehová Dios (Colosenses 1:15). Y los adventistas creen que el Arcángel Miguel era Dios, el mismo Jesús, solo que, así como se hizo uno con los hombres para redimirlos, así también se podía hacer el Arcángel para dirigir a los ángeles.

- Sectas como la Iglesia de Jesucristo de los Santos de los Últimos Días (mormones): En la (iglesia mormona) se reconoce como "arcángel" o "ángel mayor" a Miguel. A su vez los nombres Adán, Miguel y anciano de días, se le atribuyen a la misma persona. Se considera a Miguel o Adán como padre y patriarca de la raza humana en la tierra. Cabe destacar que según la doctrina mormona todos los hombres han vivido una preexistencia, en donde vivían con Dios (su padre) como seres de espíritu (con forma humana, pero perfecta), por lo que un hombre antes de nacer en la tierra es un espíritu.
- Islam: Para los musulmanes, los arcángeles no sólo son jefes de los ángeles, sino que son los jefes de los "departamentos" o misiones especiales que Dios les ha encomendado. Además de Miguel, Gabriel y Rafael, consideran a otros siete, por lo que en el islam son diez y no siete arcángeles, aunque ven como al más importante a Gabriel y no a Miguel.
- Mikhail o Mikhal (en árabe: ميخائيل): arcángel encargado de las bendiciones
- Izrail o Azrael (en árabe: عزرائيل): arcángel de la muerte
- Israfil (en árabe: اسرافيل): encargado de anunciar el día del Juicio Final
- Yibril (en árabe: جبريل)
- Munqar (en árabe: منكر): arcángel encargado del juicio de las almas
- Naqir (en árabe: نكير): arcángel encargado del juicio de las almas
- Raaqib
- 'Atid
- Maalik (en árabe: مالك): guardián del Infierno y
- Ridhwan (en árabe: رضوان): guardián del Paraíso

# Conclusión

1. La Biblia fue inspirada por Dios (2 Timoteo 3:16-17; 2 Pedro 1:20-21).
2. La Biblia fue escrita en un lapso de 1.600 años (desde el año 1.500 a.C. aproximadamente hasta el 100 d.C.).
3. EL Antiguo Testamento fue escrito entre el año 1.500 a.C. hasta el 400 a.C.
4. El Nuevo Testamento fue escrito entre el año 45 d.C. hasta el 100 d.C.
5. La Biblia fue escrita por más de 40 escritores entre reyes, profetas, soldados, pastores, líderes, entre otros.
6. La Biblia protestante está conformada por 66 libros, y la Biblia católica y ortodoxa por 73 libros.
7. Tanto la Biblia católica como la protestante poseen los mismos 27 libros en el Nuevo Testamento.
8. El Antiguo Testamento fue escrito inicialmente en hebreo y algunas en arameo, pero entre el 250 y 150 a.C. fue traducido al griego en *La Septuaginta*.
9. El Nuevo Testamento fue escrito principalmente en griego, y en menor cantidad, en latín y hebreo.

10. Los libros de la Biblia fueron organizados y reconocidos por autoridades santas e inspiradas por Dios en consejos de rabinos y consejos de líderes de la iglesia basados en lineamientos muy cuidadosos.
11. Antes de existir la imprenta, la Biblia fue cuidadosamente copiada a mano por escribas expertos que la transcribieron de una manera muy exacta, desarrollando inclusive intrincados métodos de palabras y letras contables para asegurar que no se cometieran errores.
12. La Biblia fue el primer libro en ser impreso por medio de una impresora tipo movible de Gutemberg en el año de 1.455.
13. El texto de la Biblia que tenemos hoy en día, es muy similar al texto antiguo. Existen demasiadas evidencias de miles de copias hechas a mano antes del año 1.500. Solamente existen del Nuevo Testamento cerca de 6.000 manuscritos griegos y cada año se descubren más, que nos indican que el texto de nuestra Biblia esta mejor preservada que los de Aristóteles y Platón.
14. El descubrimiento de los *Rollos del Mar Muerto* demuestra la importante confiabilidad de algunas de las copias del Antiguo Testamento a través de los años. Aunque existen pequeñas variaciones, ninguna de esta afecta las doctrinas básicas de la Biblia.
15. A medida que la Biblia fue introducida en otros países, esta fue traducida al idioma común de la gente por eruditos que deseaban llevar la Palabra de Dios al mundo, sin embargo, todavía existen más de 2.000 grupos que todavía no tienen la Biblia traducida en su lengua.
16. Para el 200 d.C., la Biblia había sido traducida a siete idiomas; para el 500 d.C., a 13 idiomas; para el 900 d.C., a 17 idiomas; para el año 1.400, a 28 idiomas; para el

1.800, a 57 idiomas; para el 1.900, a 537 idiomas; para 1.980, a 1.100 idiomas; para el 2.014, a 2.883 idiomas, al menos algunas partes de la Biblia.[54]

# NOTAS

1 Información apoyada en el *Diccionario griego-español Volumen IV.* Instituto de Filología. Consejo Superior de Investigaciones Científicas. Madrid 2006. Looklex Enclycopaedia.

2 Ray Confort, citado en *A un solo latido de distancia*, Mark Cahill, 2009 BDM Publishing, pág. 70.

3 Alfred North Whitehead, citado en *Más que un carpintero*, Josh y Sean McDowell, 2012 Editorial Unilit, pág. 75.

4 *Más que un carpintero*, Josh y Sean McDowell, 2012 Editorial Unilit, pág. 75.

5 Citado del Talmud, en *General Biblical Introduction*, por H. S. Miller, pág.187.

6 Bruce M. Metzeger, *The Text of the New Testament.* Oxford University Press, 2005, pág. 86.

7 Freedman, *Archaeology and the Bible Languages*, pág. 310.

8 Sir Frederick Kenyon, citado en *Más que un carpintero*, Josh y Sean McDowell, 2012 Editorial Unilit, pág. 105.

[9] Will Durant, citado en *Más que un carpintero,* Josh y Sean McDowell, 2012 Editorial Unilit, pág. 117.

[10] *Más que un carpintero,* Josh y Sean McDowell, 2012 Editorial Unilit, pág. 119.

[11] *Más que un carpintero,* Josh y Sean McDowell, 2012 Editorial Unilit, pág. 119.

[12] Sir Willian Ramsay, citado en *Más que un carpintero,* Josh y Sean McDowell, 2012 Editorial Unilit, pág. 94.

[13] *El caso de Cristo,* Lee Strobel, 2000 Editorial Vida, pág. 117.

[14] John Warwick Montgomery, citado en *A un solo latido de distancia*, Mark Cahill, 2009 BDM Publishing pág. 66

[15] Norman Geisler y Willian Nix, citados en *El caso de Cristo,* Lee Strobel, 2000 Editorial Vida, pág. 75).

[16] Dr. Millar Burrows, citado en *Más que un carpintero,* Josh y Sean McDowell, 2012 Editorial Unilit, pág. 93.

[17] Dr. Willian Albright, citado en *Más que un carpintero,* Josh y Sean McDowell, 2012 Editorial Unilit, pág. 94.

[18] Nelson Gluek, citado en *A un solo latido de distancia*, Mark Cahill, 2009 BDM Publishing pág. 68.

[19] *El caso de Cristo,* Lee Strobel, 2000 Editorial Vida pág. 113.

[20] *El caso de Cristo,* Lee Strobel, 2000 Editorial Vida pág. 114.

[21] *El caso de Cristo,* Lee Strobel, 2000 Editorial Vida pág. 115.

[22] *El caso de Cristo,* Lee Strobel, 2000 Editorial Vida pág. 115.

[23] Strange, James F. (1992). *Nazareth.* En Freedman, David Noel. *Anchor Bible Dictionary,* v. 4: K-N. New York: Doubleday.

[24] Israel 21c *Innovation News Service* (23 de diciembre de 2009). «House from Jesus' time excavated».

[25] Canto, Alicia M. (5 de enero de 2006). *Textos históricos sobre Jesús de Nazareth*: «La inscripción de Poncio Pilato». *Terrae antiqvae*. Consultado el 25 de agosto de 2011.

[26] Artículo publicado el 17/08/1992 por parte del periódico español *El País.*

[27] Estanislao Loffreda, *Revista Tierra Santa*, mayo-junio 1984, pp.127-131.

[28] Artículo en el periódico *El Mundo de España* 25/05/2008.

[29] *Israel Exploration Journal*, 1970, volumen 20, páginas 38-59.

[30] *A un solo latido de distancia*, Mark Cahill, 2009 BDM Publishing, pág. 64.

[31] *A un solo latido de distancia*, Mark Cahill, 2009 BDM Publishing, pág. 71.

[32] Dr. Peter W Stoner, citado en *Más que un carpintero*, Josh y Sean McDowell, 2012 Editorial Unilit, pág. 97.

[33] Dr. Peter W Stoner, citado en *Más que un carpintero*, Josh y Sean McDowell, 2012 Editorial Unilit, pág. 97.

[34] *A un solo latido de distancia*, Mark Cahill, pág. 71.

[35] *A un solo latido de distancia*, Mark Cahill, 2009 BDM Publishing, pág. 71.

[36] *A un solo latido de distancia*, Mark Cahill, 2009 BDM Publishing, pág. 71.

[37] Paul D. Wegner, *The Journey from Texts to Translations* (El viaje desde los textos hasta las traducciones) (Grand Rapids: Baker, 1999).

[38] Dr. Bruce Metzger, citado en el libro *El caso de Cristo,* Lee Strobel, 2000 Editorial Vida pág. 76.

[39] *Jesús y los testigos oculares,* Richard Bauckham, 2006 Editorial Wm. B. Eerdmans Publishing Co., pág. 30.

[40] C.F. Burney de la Biblia Anglicana en *The Poetry of our Lord* (La poesía de nuestro Señor).

[41] C.F. Burney de la Biblia Anglicana en *The Poetry of our Lord* (La poesía de nuestro Señor).

[42] Charles Fox Burney *The Poetry of Our Lord,* Clarendon Press,,Oxford (1925).

[43] Dr. Craig Blomberg, citado en *El caso de Cristo,* Lee Strobel, 2000 Editorial Vida, pág. 51.

[44] *The Testimony of the Evangelists, Examined by the Rules of Evidence Administered in Courts of Justice is an 1846 Christian apologetic work by Simon Greenleaf, a principal founder of the Harvard Law School* (pp. 46 & 53).

[45] *Jesús y sus testigos oculares,* Richard Bauckham, 2006 Editorial Wm. B. Eerdmans Publishings Co., pág. 186.

[46] *Jesús y sus testigos oculares,* Richard Bauckham, 2006 Editorial Wm. B. Eerdmans Publishings Co., pág. 194,195.

[47] *Jesús y sus testigos oculares,* Richard Bauckham, 2006 Editorial Wm. B. Eerdmans Publishings Co., pág. 196.

[48] *Los ángeles,* C. Fred Dickason, Editorial Moody Press Chicago. Primera parte. Capítulo 1.

[49] *Los ángeles,* C. Fred Dickason, Editorial Moody Press Chicago. Primera parte. Capítulo 1.

[50] *Los ángeles,* C. Fred Dickason, Editorial Moody Press Chicago. Primera parte. Capítulo 1.

[51] *Los ángeles*, C. Fred Dickason, Editorial Moody Press Chicago. (LA) pág. 86.

[52] *Los ángeles*, C. Fred Dickason, Editorial Moody Press Chicago. (LA) pág. 86.

[53] *Los ángeles*, C. Fred Dickason, Editorial Moody Press Chicago. (LA) pág. 86.

[54] Apoyado en la fuente *The Wycliffe Global Alliance*.